자존감
생각법

자존감을 높이는 36가지 심리기술

자존감 생각법

고코로야 진노스케 지음
안혜은 옮김

생각의 서재

들어가는 말

안녕하세요! 심리상담사 고코로야 진노스케입니다. 먼저 이 책을 읽어주셔서 고맙습니다.

저는 주로 상담, 심리학 세미나, 강연 활동을 하고 있습니다. 이런 다양한 활동 가운데 많은 분들을 만나면서 제가 놀란 점이 한 가지 있어요.

'내가 너무 싫어!'

이렇게 '자신을 잃은' 분들이 많았다는 점입니다. 혹시 이 책을 보고 계신 여러분도 그런가요?

- **일이 잘 안 풀리면 금세 좌절한다.**
- **내가 보잘 것 없다는 생각이 든다.**
- **'나 따위가', '어차피'라는 말을 자주 한다.**
- **상사에게 혼나면 금세 욱해서 일을 대충한다.**

- 취직 실패 후 '나는 쓸모없다'는 생각이 든다.
- 슬럼프에 빠져 있어서 나만 빼고 다 잘나 보인다.
- 같은 실수를 반복하는 내 성격이 싫다.
- 실연 후 다시 애인이 생기지 않으면 절망한다.
- 무슨 일을 하든지 남의 눈치를 본다.

분명 이 세상은 불안으로 가득합니다. 납득할 수 없는 일이 많은 시대죠. 죽을힘을 다해 살면서도 '지금 이대로 괜찮을까', '제대로 하고 있는 걸까' 하고 자신을 잃습니다. 불안한 마음이 들어 일도 열심히 하고, 하루하루 알차게 보내고, 성격도 바꿔보려 하지만 생각만큼 잘 안 됩니다. 여러분도 이런 생각이 들 때가 있을 거예요. 저도 그 중 하나입니다.

저는 심리상담사라는 직업을 갖기 전까지 대기업 운송회사에서

20년 가까이 일했습니다. 그곳에서 필사적으로 실적을 쌓고 성과를 올리며 제 자신을 지켰습니다. 하지만 실적이 떨어지면 금세 좌절하고 말았죠. 저는 왜 자신을 잃었을까요?

인간이 '응애' 하고 엄마 배에서 태어나면서부터 '아아, 난 엄마 젖을 빨 자신이 없어……' 하고 생각하지는 않죠. 저도 물론 그랬고요(웃음). 그런데 언제부턴가 '자신 없다'라는 생각이 스멀스멀 자리를 잡습니다.

'실패하면 어쩌지.'
'상대가 화내면 어쩌지.'
'웃음거리가 되면 어쩌지.'
'바보 취급당하지 어쩌지.'

그런 생각들로 저는 공포에 떨게 되었습니다. 게다가 한 번 실패한 후에는 또 다른 실패의 두려움에 한 발짝도 나아갈 수가 없었습니다. 그 마음을 들킬세라 필사적으로 노력하고 허세를 부릴 수밖에 없었죠. 하지만 상사가 꾸짖거나 고객이 불만을 터뜨리면 금세 '이대로 괜찮을까'라는 생각이 들면서 불안감이 엄습했습니다.

내 실패를 주변 사람들이 비웃는 듯한 기분이 들면 너무 부끄러워서 그만 사라지고 싶었어요. 속으로 '두 번 다시 그런 실수 하지 않겠어!' 하고 이를 갈면서 말이죠. 바보 취급당하면 상대를 용서하지 못하고 화를 내면서 다른 한편으로는 정말 나에게 문제가 있나 싶어서 우울했습니다. 그러한 공포와 불안에 휩싸이면 어떤 행동을 할 때 다음과 같은 생각을 기준과 전제로 삼게 됩니다.

'어떻게 해야 실패하지 않을까?'

'어떻게 해야 무난하게 할 수 있을까?'

'어떻게 해야 상대가 화내지 않을까?'

주위의 눈을 의식한, 주변인의 평가를 전제로 한 행동밖에 못 합니다. 내가 아니라 타인이라는 축을 중심으로 살게 되는 것입니다. '내가 없다'를 다른 말로 하면 '자아가 없다'입니다. '자아가 없다'를 다른 말로 하면 '자신이 없다'입니다. 즉, '자아'가 없기 때문에 '자신이 없는' 것입니다.

'자아'가 없으면 '자신'이 없어지기 때문에 언제나 남에게 맞추게 됩니다. 잘 보이자, 잘 보이고 싶다, 잘 보여서 행복해지자, 인정받아서 행복해지자는 생각으로 가득 찬 종이인형이 됩니다.

종이인형은 금방 바스라집니다. 정체가 드러납니다.

그렇다면 저는 어떻게 '종이인형 같은 나'에게서 벗어날 수 있었을까요? 어떻게 '자신 없는' 상황을 바꿀 수 있었을까요?

나는 무능하다.

나는 무능하지만 괜찮다.

나는 무능하지만 나아가자.

나는 무능하지만 할 수 있는 일을 하자.

지금의 내가 할 수 있는 일을 하자.

이렇게 '생각'을 바꿨더니 신기하게도 '나는 지금도 충분해'라는 말이 진심으로 이해되기 시작했어요. 이미 충분하니까 당장 내가 할 수 있는 일에 최선을 다했죠. 그리고 깨달았습니다. 자신은 외부에서 끌어 모으는 게 아니라 원래 내 안에 '있는' 것이며 단지 그 것을 발견하면 된다는 것, 그리고 '키워가야' 한다는 것을요.

태어날 때부터 자신만만한 사람, 자기애가 넘치는 사람은 이해되지 않을 수도 있습니다. 하지만 저는 그런 사람이 아니기 때문에 여러분께 이런 이야기를 전할 수 있어요.

자신을 '얻기'보다는 '키운다.' 원래 내 안에 존재함을 깨닫고 키워나간다.

여러분이 자신을 얻기 위해 기존에 실천해왔던 방법과는 전혀 다를 겁니다. 그 방법들이 전혀 효과적이지 않았다면 아무쪼록 꼭 시험해보셨으면 좋겠어요. 자신을 키우는 데 어려운 논리는 필요 없습니다. 그저 계기와 행동만 있으면 됩니다. 씨를 뿌리고(계기), 물을 주고, 거름을 준 다음, 햇볕을 쪼여 키우는(행동하는) 게 전부입니다.

'깨닫고, 행동한다.' 이 두 가지만 있으면 돼요. 이 책이 계기가 되기를 간절히 바랍니다.

'나를 발견하고 키운다.'

이것이 이 책의 목표입니다.

고코로야 진노스케

contents

1장

자신, 없나요?

2장

내가 먼저 나를 인정하자

3장

누가 뭐래도 나를 긍정하자

4장

지금 여기 있는 나를 믿자

1장

자신,
없나요?

1장
자신 없나요?

상담과 세미나, 강연회 자리에서 사람들과 대화를 나누다 보면 이런 생각이 들 때가 많아요.

'어째서 이렇게 불안해할까?'

'습관성 우울이군.'

혹시 당신도 그런가요?

- 업무 중 실수를 해서 좌절했다.
- 동료에게 싫은 소리를 들었다.
- 고객에게 싫은 소리를 들었다.
- 취직 면접에 번번이 실패했다.
- 실연했다.

어떤 상황에서든 금세 움츠러들고 좌절하며 자신을 잃습니다.

쉽게 불안을 느끼거나 중심을 못 잡는 사람, 자신 없는 사람은 스스로에 대한 기본적인 신뢰가 없다는 공통점이 있습니다. 자기 이미지가 극단적으로 떨어진 상태라고 볼 수 있겠죠. 아니면 아무리 노력해도 메워지지 않는 마음의 블랙홀이 있을지도 모르고요. 그런 사람들은 자기를 신뢰하지 못합니다. 그래서 자신이 없는 것입니다.

1장에서는 '자신 없는' 사람들에게 도움이 될 만한 이야기를 추렸습니다.

부재를 인정하면 존재가 되는 패러독스

'내가 싫어'.

'난 정말 무능해.'

'어떻게 해야 할지 모르겠어.'

하고 자신을 잃은 사람이 많습니다. 일이 잘 안 풀리고, 연인과 헤어지고, 취직이 안 되고, 인간관계가 꼬이고……. 살다 보면 이런 일은 다반사입니다. 저에게 상담을 받은 분들 중에도 이러한 케이스가 상당히 많아요.

그러면 저는 이렇게 말합니다. "자신 없다, 부족하다고 생각하는 부분을 가만히 들여다보면 오히려 그 반대라는 것을 알 수 있다"라고요. 마치 패러독스 같죠?

자신 없는 사람은 부족한 부분을 메우려 노력할수록 더 부족해지는 패러독스에 빠집니다. **성공하고 싶어서 실패 가능성이 큰 일을 찾습니다. 인정받고 싶어서 내가 못하는 부분을 찾습니다.**

그래서 우선은 '부족하다고 생각되는 부분을 가만히 들여다보면 사실은 그렇지 않다는 것을 알 수 있다'라는 패러독스에 대해 이야기하고자 합니다. 이 패러독스에서 탈출하면 성공과 인정에 대한 욕구도 사라집니다. 성공하려는 생각을 버리면 실패가 두려워지지 않습니다. 인정받으려 하지 않으면 비판이 두려워지지 않습니다. 이렇게 생각을 바꾸면 자신이 좋아하는 일에 도전할 수 있습니다.

있는 그대로의 나, 지금의 나를 인정하는 것. 어쩌면 굉장히 어려운 일인지도 몰라요. 한마디로 설명할 수 있는 일도 아니고요. 그래도 굳이 한마디로 설명한다면 '못난 나를 포기한다, 나에게 기대하지 않는다' 정도가 아닐까 싶어요.

"그러면 오히려 더 못난 인간이 되는 것 아닌가요?" 하고 반문하는 분도 있을 것입니다. 반대입니다. **나를 포기하고, 나의 부족함을 인정하고, 스스로에게 기대치를 낮추면 나를 포기하지 않게 되고, 강점이 눈에 들어오면서 나의 가능성을 믿게 됩니다.** 말로는 전하기 힘든 이 패러독스를 부디 체험해보았으면 합니다.

제가 하고 싶은 말은 다음과 같습니다.

'못난 나도 괜찮다는 것을 받아들일 때 비로소 앞으로 나아갈 있다.'

부재보다
존재에 초점을 맞춰라

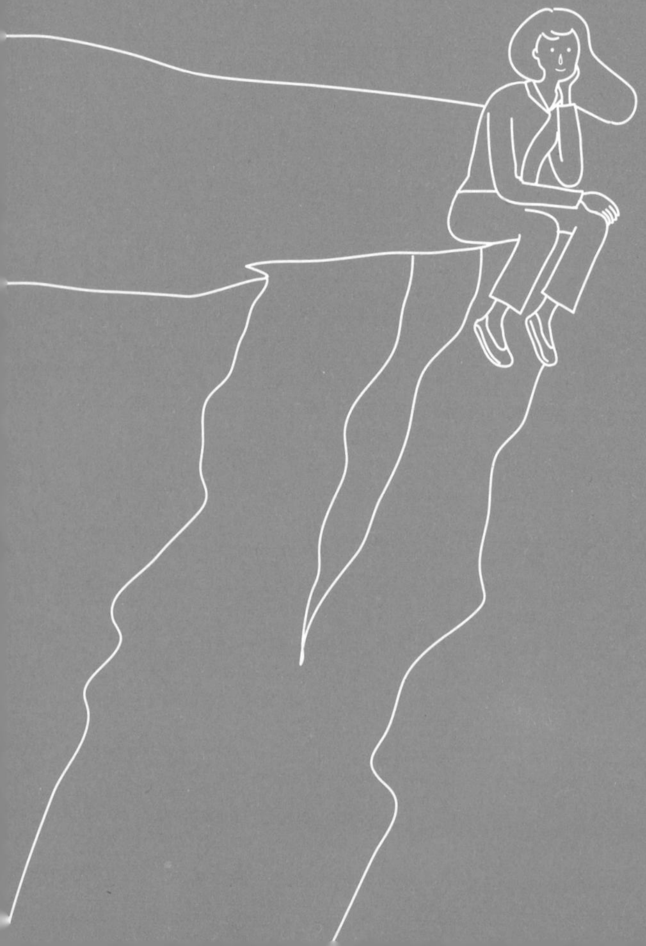

자신이 없을 때란 언제를 말하는 걸까요? 보통은 난처하고, 고민되고, 마음처럼 안 될 때겠죠. 난관에 부딪혔을 때일 수도 있고요. '나에게는 힘이 없다'는 생각이 들 때일 수도 있어요. '남들은 있는데 나에게는 없다'는 생각이 들 때인지도 모르겠습니다.

그럴 때는 먼저 난처하고, 고민되고, 마음처럼 안 되는 일들을 종이에 적어보세요. 어떤 종이든 상관없습니다. 솔직하게, 생각한 대로 써보세요. 그리고 종이에 적힌 녀석들을 지그시 바라보세요. 그러면 결국 **고민이란 '내 맘대로 생각했던 이상'과 '현실'의 괴리라는 것을 알 수 있습니다.** '내 맘대로 생각했던 이상'은 말하자면 이런 거예요.

- 주변 사람들에게 이러저러한 형태로 평가받고 싶다.
- 좀 더 사람들과 잘 어울리고 싶다.
- 좀 더 일을 잘 하고 싶다.
- 좀 더 사람들에게 호감을 얻고 싶다.

모두 누군가의 인정이 필요한 것들입니다. 나의 솔직한 감정보다 세상의 평판과 친구들의 평가를 의식한 '이상'이죠.

그런데 현실은 어떤가요? 이상대로 되지 않는 일이 더 많습니다. 그래서 괴리가 생기고 그것이 고민이 됩니다. '고민'에 초점을 맞추는 것은 '부재'에 초점을 맞추는 것과 같습니다. 그러면 이미 갖춘 것, 즉 '존재'에 눈을 돌리기가 어렵습니다.

그 결과 원래 나에게는 아무것도 없다는 생각이 들면서 자신을 잃고 마는 거죠. **나에게는 아무것도 없는 것 같아 우울한가요? 그렇다면 먼저 내 안의 여러 '존재'에 눈을 돌리고 깨닫기를 바랍니다.**

• 사실은 좋은 평가를 받고 있다.
• 사실은 남들과 잘 어울린다.
• 사실은 일을 잘 하는 편이다.
• 사실은 나에게 호감을 느끼는 사람도 있다.

부재가 아닌 존재에 눈을 돌린다. 이 점이 중요합니다.

마음의 갑옷을 벗어라

자신을 키우는 방법은 두 가지라고 생각합니다.

첫째, 말 그대로 자신을 키우는 방법입니다. 무슨 일이든 최선을 다하고, 자격증도 따고, 실적을 올려서 다른 사람들에게 인정받는 방법이죠. 스스로를 객관적으로 보고 고통과 고난을 이겨낸 끝에 자신을 쟁취하는 것입니다.

둘째, 내면에서 자신을 끌어올리는 방법입니다. 저는 자신이란 '잃는 것'이라고 생각합니다. 즉 원래는 '있는' 것인데 누군가에게 싫은 소리를 듣거나 스스로 타인과 비교하면서 '잃은' 것입니다. 그렇게 '잃었으니까' 다시 '되찾으면' 됩니다.

그렇다면 어디서 되찾을 수 있을까요?

바로 '내 마음속'입니다. **나 스스로 꽁꽁 감춰두었던 자신을 되찾는 것이죠.**

잃었다고 생각해서 외부에서 찾아 메우려 해도 메워지지 않습니다. 지금의 나는 부족하다며 힘들게 자격증을 따고, 일에 몰두하고, 타인에게 좋은 평가를 받으려 안간힘을 써도 결국은 사상누각일 뿐, 무너지고 맙니다.

외부에서 가져온 자신, 타인에게 구한 자신은 조금씩 벗겨지고 떨어져나갑니다. 스스로 '난 상처를 잘 받아', '난 여려' 같은 생각이 들면 갑옷을 두르고 싶어지죠. 하지만 그 갑옷이 아무리 두껍고 견고해도 부서지기 마련입니다.

그러므로 내 안에 있는 자신을 되찾으려면 외부에서 모아 갖다 붙인 자신을 떨쳐내야 합니다. 그래야 비로소 내 안의 자신이 솟아납니다. 그렇게 갑옷을 벗는 거죠.

나의 나약함을 낱낱이 드러내보세요.

그렇게 갑옷을 벗어보면, '어? 괜찮네?', '애쓰지 않아도 아무 문제없잖아?' 하고 자신감을 되찾을 수도 있어요.

상처는 드러내야 낫는다

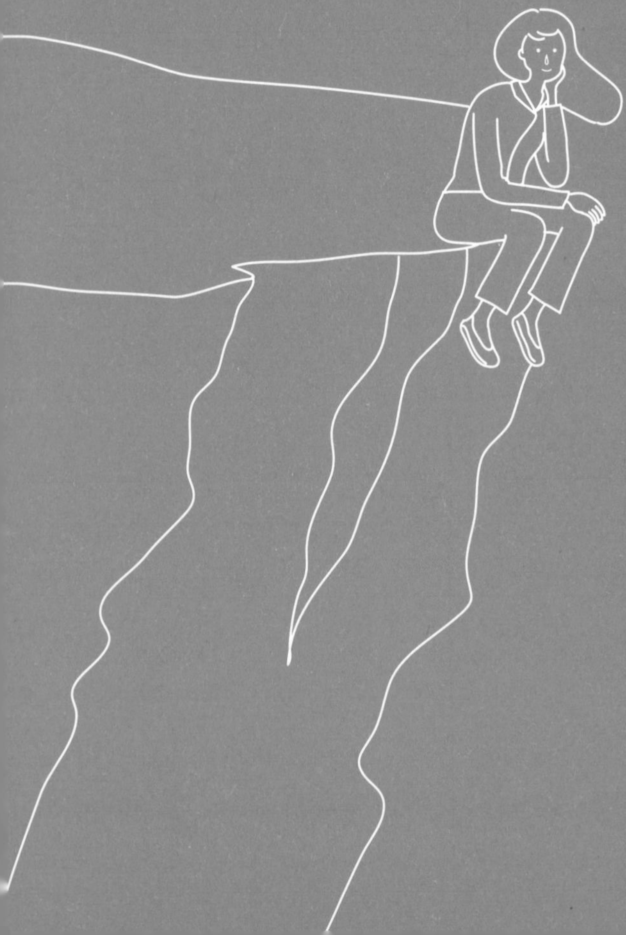

누군가의 한마디에 '왜 저렇게 심한 말을 하지?', '왜 저런 행동을 할까?' 하고 상처받는 사람이 있습니다. 한편 "꼭 그렇게 말해야겠어?", "너 정말 못됐다"라고 불같이 화내면서 자기의 정당성을 주장하는 사람도 있죠.

왜 그렇게 필사적으로 자기를 변호하고 정당화하는 걸까요? 자신이 없기 때문입니다. 자기 의견과 생각에 열등감이 있는 거예요. 겁 많은 개가 큰 소리로 짖는 법이죠. 자신감이 강한 사람은 누가 비판을 하든 "어, 그래?" 하고 웃어넘깁니다.

자신이 없는 사람은 멋대로 오해하고 상처받거나 필사적으로 자신을 정당화합니다. 멋대로 상처받는 이유는 그 부분에 열등감이 있기 때문입니다. 아픈 상처죠. 그래서 타인이 곁에 지나가기만 해도 '바람'이 상처를 건드려 아프다고 소리칩니다. 마음의 통풍이랄까요(웃음).

하지만 그 상처를 건드린 사람은 아무도 없습니다. 그저 곁에 갔을 뿐이죠. 그것마저 탓할 수는 없잖아요?

상처가 계속 안 낫는 또 다른 이유는 그것을 감추기 때문입니다. 상처는 덮어둘수록 잘 안 나을 뿐 아니라 심하면 곪아 터지면서 더욱 악화됩니다. 상처는 외부 공기가 닿아야 낫습니다. 드러내야 하죠. 평생 상처를 끌어안고 있다가는 곪을 대로 곪아서 '아파', '상처 받았어', '바보 취급당했어' 같은 말만 되뇌는 인생이 됩니다.

상처가 있다면 하루빨리 드러내서 아물게 합시다. **그 상처, 타인이 봤을 때는 사실 아—무것도 아닙니다. 그러니까 마음껏 드러내세요.**

"사실 저는 문제가 많은 녀석입니다."

"사실 저는 제대로 하는 게 없습니다."

"사실 저는 비호감입니다."

이렇게 드러내보세요. 인정하자고요.

저도 상처를 확인한 후 마음이 편해졌습니다(웃음).

나쁜 이유를 찾지 마라

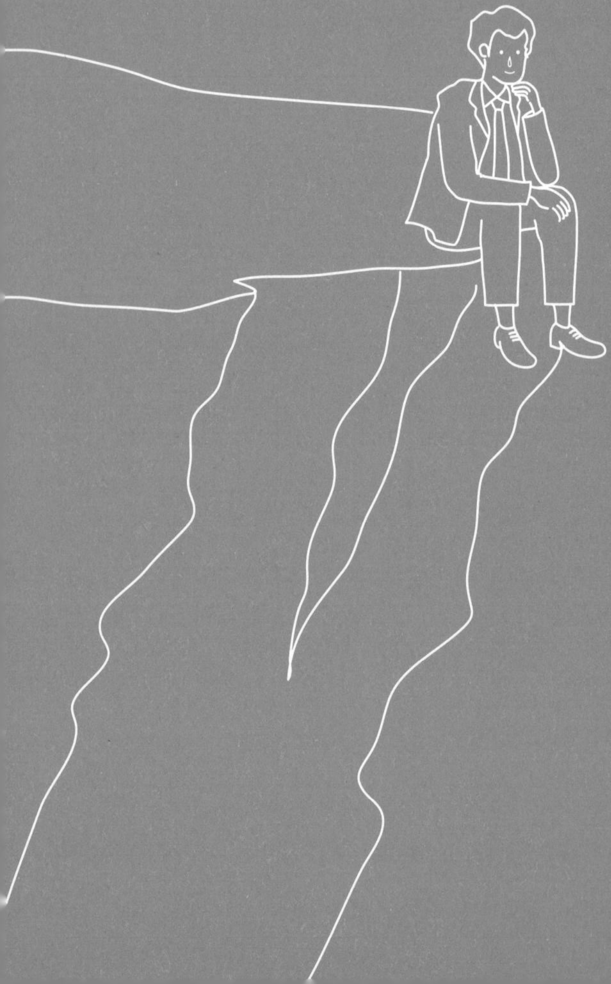

파트너나 동료, 부모님, 상사 등 주변 사람들이 짜증을 내거나 심기가 불편한 기색을 보이면 당신은 어떻게 반응하나요? '이 사람, 무슨 일 있었나?' 하고 상대를 걱정하거나 분석하는 사람도 있고, '내가 뭐 잘못했나?' 하고 자신이 했던 말이나 행동을 돌이켜보며 걱정하는 사람도 있습니다. 보통은 둘 중 하나겠죠.

자신 없는 사람은 대개 후자와 같이 반응합니다. 하지만 원인은 대부분 당사자에게 있습니다.

- **배가 아팠다.**
- **짜증나는 일이 있었다.**
- **일이 꼬였다.**

그 밖에도 여러 가지 원인이 있을 거예요. 하지만 모두 그 사람 사정입니다. 상대의 문제죠. 즉, 짜증과 불쾌함을 일으키는 문제의 소유자는 상대방입니다. 따라서 그 문제는 그 사람이 해결해야 합니다.

그런데 **자신 없는 사람은 상대가 짜증내거나 불쾌해하면 자신이 그 문제의 소유자라고 생각합니다.** 그러면 문제가 자신에게 이동하겠죠. 자연히 자기의 나쁜 점을 찾기 시작합니다.

찾습니다. 계속 찾아요. '내 태도가 안 좋았나?', '내가 말실수를 했나?', '내가 잘못해서 일이 꼬였나?' 끝도 없이 나옵니다(웃음).

즉, 자신 없는 사람은 상대가 짜증내고 기분 나빠할 때 멋대로 이유를 만듭니다. 자신의 가치관, 사고에 비춰보며 나쁜 쪽으로 반응하죠. 상대에게는 그 사람의 사정이 있습니다. 그런데도 멋대로 '반응'합니다.

저도 옛날에는 나쁜 쪽으로 반응하는 일이 많았어요. 음식이 제

법 맛있었던 레스토랑이 있어서 친구를 데려간 적이 있습니다.

나: "어때, 맛있지?"

친구: "음-, 조금 짠 것 같아."

나: "그래? 난 맛있는데……."

그 친구는 그저 감상을 말했을 뿐입니다. (말 한마디에 일일이 반응하면 감상조차 말하기 어려워지는 법!) 그가 욕을 하거나 내 의견을 부정하는 게 아니라 그냥 말을 한 것뿐입니다. 그런데 제가 나쁜 쪽으로 반응한 거죠. 저의 가치관과 사고에 투영하여 나쁘게 받아들였어요.

저는 이것을 깨닫기까지 참 오랜 시간이 걸렸습니다. 상대를 이해시키기 위해 필사적으로 저항하고, 반론하고, 자기를 변호했습니다(땀). 이렇게 반응하는 한, 매사를 '내 탓', '원인은 나'라고 멋대로 생각하며 이유를 찾게 됩니다. 그러면 상대가 누구든 아무 때

나 나쁜 방향으로 반응하는 버릇이 생겨서 항상 자신 없는 상태가 되고 말죠.

상대가 별 뜻 없이 한 말과 행동에도 불안해지고, 소심해지고, 부정당한 기분이 들고, 상처 받고, 위축되고, 스스로를 미워하게 됩니다. 그렇게 점점 자신을 잃습니다.

상대가 짜증내고 불쾌한 기색을 보였을 때 '혹시 나 때문인가?'라는 생각이 든다면 이렇게 자문해보세요.

'난 단지 나쁜 쪽으로 반응하고 있는 것 아닐까?'

나쁜 쪽으로 반응하는 습관이 있지는 않나요?

감정과 행동의 근원인
반응의 씨앗을 확인하라

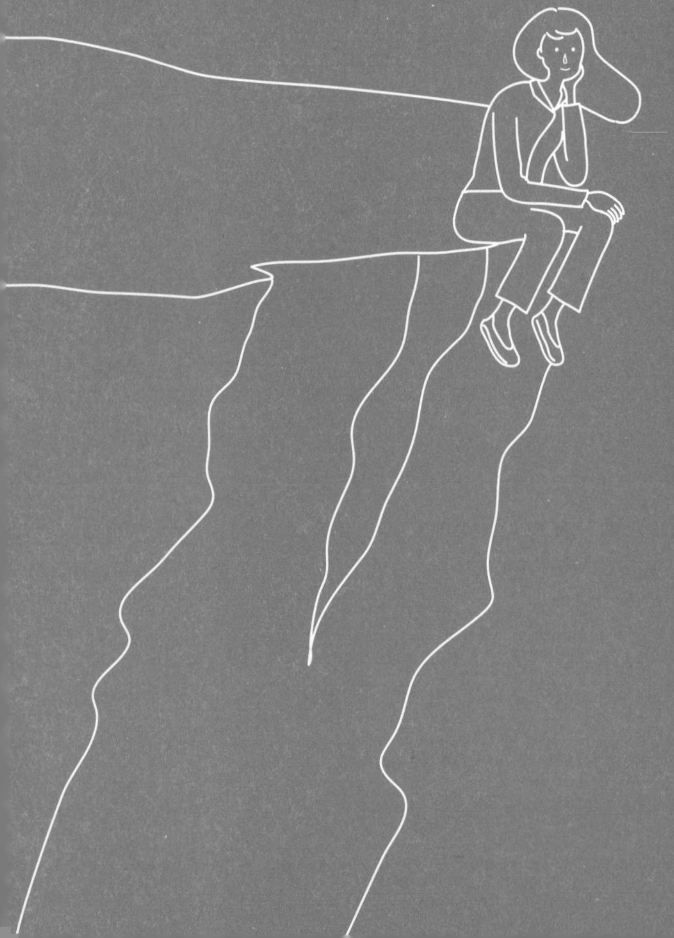

‘말을 왜 저렇게 심하게 할까?’

‘회사가 이 정도는 해줘야 하는 거 아냐?’

‘남편(아내)이면 당연히 그래야지.’

매사를 이렇게 생각하며 화내고, 삐치고, 책망하고, 그리고 비관하는 사람이 있습니다. 그리고 마음 어딘가에서 그러한 일을 당하는 자신은 가치가 낮은 인간이라고 생각합니다. **그렇게 멋대로 반응하고 상대가 자신의 가치를 인정하지 않는다며 자신을 잃습니다.**

반응 속에는 ‘반응의 씨앗’이 있습니다. 반응의 씨앗은 곧 ‘사고방식’입니다. 사고방식은 다른 말로 ‘가치관’, 즉 자신이 타당하다고 생각하는 것이라고 할 수 있겠죠. 보고 들은 것을 마음속 반응의 씨앗(사고방식)에 투영하여 긍정적 또는 부정적으로 반응합니다.

그 결과 부정적으로 반응하게 되었다면, '그 말의 어떤 부분이 심한 걸까?', '회사가 해주는 게 왜 당연하다고 생각했을까?', '남편(아내)은 마땅히 그래야 한다고 느낀 이유가 뭘까?'라고 마음 속 반응의 씨앗을 확인해보세요. 마음대로 반응하는 반응의 씨앗을 점검해보는 거예요.

'어떤 부분에 심하다고 반응했을까?'

'왜 거기에만 반응했을까?'

'그 말을 어떻게 느낀(반응한) 걸까?'

이러한 생각의 과정을 거치면서 비로소 반응의 씨앗을 '의식'하게 됩니다. 반응의 씨앗을 의식하면 점점 반응을 '조절'할 수 있어요. 내 인생의 키를 내가 잡는 순간, 반응에 휘둘리는 일이 줄어듭니다.

반응의 씨앗 때문에 쓸데없이 화내고 우울해하며 자신을 잃

고 사는 것은 아닐까요? 반응의 씨앗 때문에 자신을 잃었다면 반응의 씨앗, 즉 사고방식을 바꿔보는 게 어떨까요?

- **시점을 바꾼다.**
- **무슨 일이든 양쪽 면을 본다.**
- **표현을 바꾼다.**

반응의 씨앗, 즉 사고방식의 변화는 자기 변혁, 성격 개혁의 시작이자 효과적인 첫걸음입니다.

부모는 자식에게
거짓말을 하지 않는다고
누가 말했나?

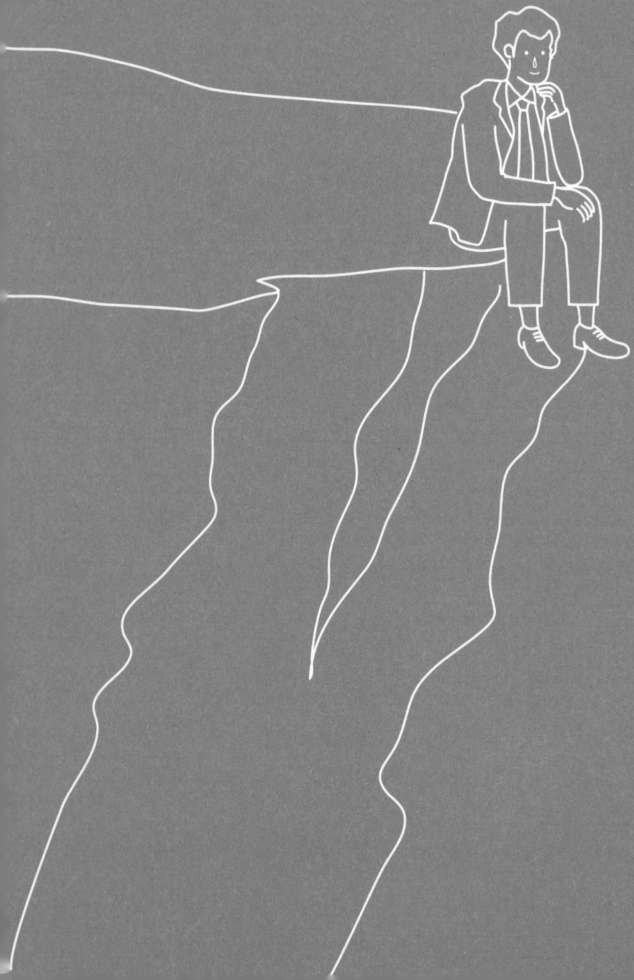

내 사고방식이 사실은 내 것이 아닐 때가 상당히 많습니다. 내 사고방식인데 내 것이 아니라니, 무슨 말인지 모르겠다는 분들께 묻습니다. 부모님께 이런 말 들어본 적 있나요?

"밥 먹고 바로 누우면 소 된다!"(안 돼요)

"너 다리 밑에서 주워왔어!"(거짓말)

"엄마 말 안 들으면 망태할아버지가 잡으러 와!"(안 옵니다)

이처럼 부모는 나름의 방식으로 아이를 통제하기 위해 선의의 거짓말을 할 때가 있습니다. 이 정도는 귀여운 수준입니다만, "넌 정말 아무것도 못하는 애로구나!" "넌 어쩜 이렇게 못생겼니?" 이런 말을 할 때도 있어요.

이것은 어디까지나 진실이 아니라 개인의 감상입니다. 부모의 사고방식에 따라 아이의 단점만 보는 거죠. 아이의 장점을 외면한 편향된 의견입니다. 따라서 '거짓말'이에요.

하지만 부모에게는 진실입니다. 유감스럽게도. 부모는 아이가 올바르게 자라고, 고생 없이 잘되기를 바라는 마음에서 이런 언동을 할 때가 많습니다. 하지만 아이는 그 깊은 속을 알 리가 없죠. 그저 부모의 말이 전부입니다.

더구나 부모는 태연히 웃거나 실감나는 연기를 곁들여 거짓말을 할 때도 있습니다. 그러니 아이는 더더욱 눈치 채기가 어렵습니다. 그렇게 부모의 사고방식을 자신의 사고방식으로 생각하고 믿어버립니다. 잘못된 믿음을 지킵니다. 그것도 몇 년씩이나요.

감히 이렇게 말씀드립니다.

"당신이 믿고 있는 것, 믿어왔던 것들은 모조리 거짓말입니다."

잘못된 믿음으로 당신은 그동안 자신의 가능성을 죽여왔습니다.

그 말에 사로잡혀 자신의 능력을 발휘하지 못했죠. 그 말들을 상식이라 믿었습니다.

"넌 정말 아무것도 못하는 애로구나!"

"넌 어쩜 이렇게 못생겼니?"

무심코 던진 부모의 말이, 부모의 사고방식이 당신의 사고방식이 되었습니다. 그것이 당신의 자기 이미지를 형성하고 말았죠. 그리고 거기에 사로잡혀 자신의 능력, 가능성, 매력, 솔직함을 발휘하지 못했습니다. 단지 그뿐입니다.

부모의 사고방식을 내 사고방식으로 믿고 있지 않나요? 내 생각이 사실은 부모의 생각이고 지금껏 아무 의심 없이 믿어온 것에 불과한 경우가 있습니다.

문제에 장단점은 없다,
그저 풀어야 할 과제일 뿐

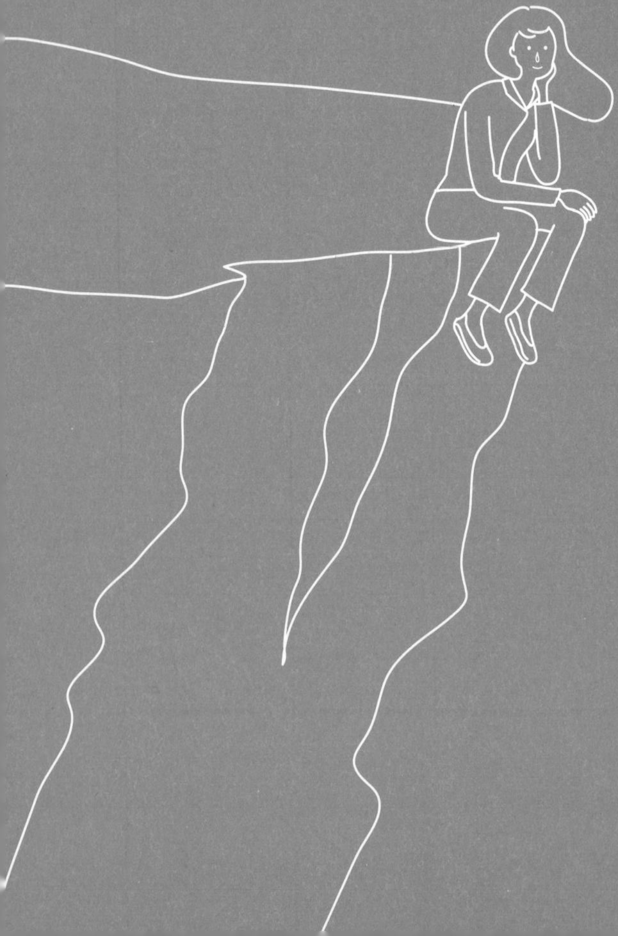

일이 잘 안 풀리고, 실연을 겪고, 부모님과 싸우고, 시험에 낙방하는 등 어떤 '문제'가 있을 때 우리는 자신을 잃습니다. **문제를 '자신의 잘못'으로 받아들이는 사람이 많은데, 그럴 필요 없습니다.** 여기서 말하는 '문제'란 '해결해야 할 과제'라는 뜻이에요.

내게 벌어진 일에 즉각 반응하는 사람이 있는가 하면 무슨 일에도 동요하지 않는 사람이 있습니다. 내 주변에는 미운 짓만 골라하는 사람이 있다, 안 풀리는 일 천지다, 신나는 일이 없다, 이런 생각이 드는 이유는 그 문제가 '내가 풀어야 할 과제'이기 때문입니다.

그러므로 문제를 직면했을 때,

- **그건 무리야.**
- **난 못해.**
- **난 부족해.**
- **난 피해자야.**
- **난 살 가치가 없어.**
- **난 인정받을 수 없어.**
- **난 미움 받고 있어, 변변치 않은 인간이야.**

이렇게 부정적으로 생각하지 말고 '불필요한 오해', '착각', '반응'에서 벗어나세요.

'난 왜 그 사람처럼 잘 하지 못할까' 하고 기분이 쳐지거나 한숨이 날 때도 있을 거예요. 그럴 때는 '지금의 네가 할 수 있는 일은 이거야' 하고 가르쳐주는 것 같기도 합니다. '지금은 여기에 최선을 다해야 해', '큰 뜻을 품고 지금은 이 일을 하는 거야'라고 지금 해야 할 일을 일부러 가르쳐주고 있다는 생각이 들어요.

멋있고 부럽다는 생각이 드는 사람들은 모두 지금 할 수 있는 일, 지금 할 일을 열심히 했기 때문에 그 자리에 있는 것입니다. **사람의 발은 한 걸음씩만 나아갈 수 있어요.** 지금 당신이 할 수 있는 일은 지금의 당신밖에 할 수 없는 일입니다.

답은 내 안에 있다

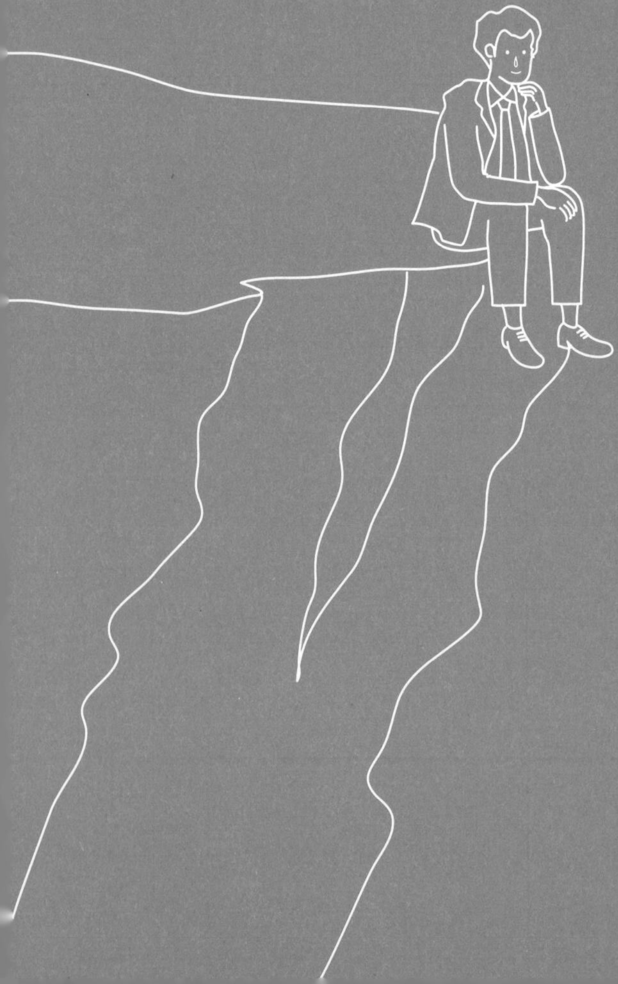

자신이 없으면 습관적으로 이런 생각에 빠집니다.

'그 사람이 나빠.'

'세상이 잘못됐어.'

자신이 없으면 이렇게 남 탓을 하는 버릇이 생깁니다.

그러나 내게 일어난 나쁜 일은 불운도 불행도 실패도 아닙니다. 그저 '사실'입니다. 내 기대에 못 미친 사실일 뿐이죠. 하지만 계속 반응하고 싸우면서 내 인생의 키를 놓칩니다.

내 인생이 더 즐겁고, 풍요롭고, 잘 풀리게 하려면 눈앞의 '사실'을 어떻게 이용해야 할까요?

답은 내 안에 있습니다. 문제는 내게 벌어진 일이 아니라 자기 마음속에 일어나는 '반응'입니다. 이 반응을 깨닫고 멈춤으로써 문제가 사라집니다.

문제는 내 안에 있습니다. 그러므로 답도 내 안에 있습니다.

'사실'을 '사실'로서 받아들이세요.

카멜레온 인생에서 벗어나 나를 중심으로 살자

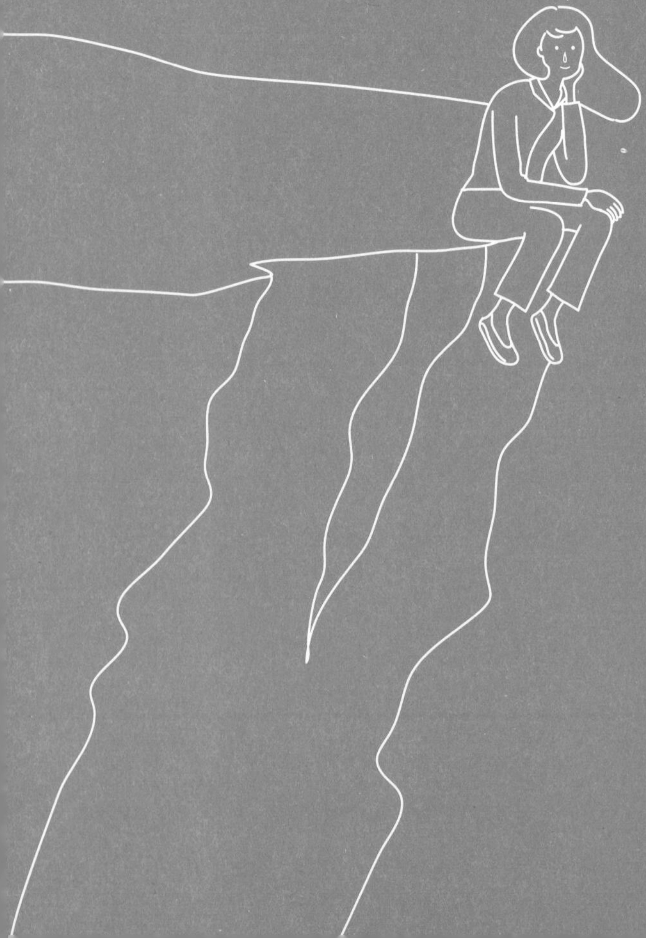

'카멜레온' 같은 인생을 살아왔다.

내 색깔 없이 주변 색에 맞춰 배경색으로 녹아들었다.

그렇게 하면 '안전'하니까.

이런 분들이 많은 것 같습니다. 아니 확실히 많아요. 과거에 저도 그랬습니다. **주위 사람과 비교하고 그들처럼 되려고 노력하다가 위험이 닥치면 그들과 똑같은 모습으로 변신하여 흔적을 지웠죠(웃음).**

다른 사람과 똑같이,

민폐 끼치지 않도록,

미움 받지 않도록,

눈에 띄지 않도록.

타인을 중심으로 살아가는 것, 그것이 타인 중심의 인생, 즉 카멜레온 인생입니다. 그러는 사이 진짜 나를 조금씩 버리고 말았죠. 그리고 뒤늦게 내 색깔, 즉 진짜 나를 찾기 시작했습니다. 하지만 무서워서 버린 '진짜 나'였기 때문에 그 모습이 진짜 나 같다는 생각이 안 들었어요. 그래서 모르는 척해버렸죠.

진짜 나를 깨닫고 살아가는 것이 '자기중심'의 인생입니다. 자기중심과 이기주의는 다릅니다. **'자기중심'은 자기의 뜻대로 살면서 거기에 책임을 지는 것입니다.**

'이기주의'는 자기만 좋으면 된다고 생각하며 책임을 지지 않습니다. 이 둘을 혼동하고 자기중심의 인생을 살지 못하는 사람이 많습니다.

자기중심으로 살아가는 것.

진짜 나와 만나려면 용기가 필요할지도 몰라요.

2장

내가 먼저 나를 인정하자

2장

내가 먼저 나를 인정하자

앞서 말했듯이, 자신 없는 사람이란 자신을 신뢰하지 못하는 사람입니다. 거기에 대고 갑자기 "나를 신뢰합시다!" 하고 말해봐야 소용없습니다. 어려운 일이죠. 나를 신뢰하려면 먼저 나를 인정해야 합니다. 왜냐고요?

여러분에게 갑자기 타인을 칭찬하라고 하면 어떨까요? 대부분은 못 할 거예요. 칭찬은 자신의 가치관에 맞지 않으면 하기 어렵기 때문이죠. 흔히 '인정'과 '칭찬'을 혼동하는데, 인정은 잘잘못을 떠나 '와아, 그거 해냈구나!' 하고 그저 '보고, 멈추는' 것입니다.

보기만 합니다. 눈을 맞추는 거죠. "응, 그래"라고 하면서요. "그거 좋다," "그거 별로네"가 아닙니다. "음, 해냈네", "아, 그렇구나" 하고 받아들입니다.

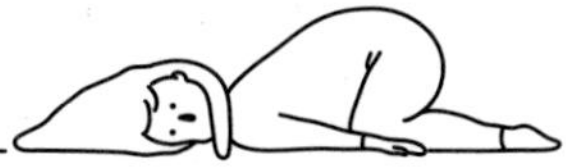

갑자기 ○를 들지 않아도 돼요. 처음에는 △도 괜찮습니다. 일단 시작하는 것이 중요합니다. 타인에 대한 칭찬, 나에 대한 칭찬 모두 같습니다.

나를 칭찬하기 어렵다면 '그렇구나' 하고 먼저 인정해봅시다.

"이런 나도 괜찮아"라고 소리 내서 말하라

자신이 없으면 사소한 일에도 상처를 받습니다. 울적해지고 화나고 열 받게 됩니다.

"왜 이런 일도 못 해?"라는 말에 상처받는다.

"대단한 건 아니네"라는 말에 열이 받아서 실적을 내세운다.

"친구 없나봐?"라는 말에 울적해진다.

"남자친구 없어?", "결혼 안 해?", "아이는 아직야?"라고 그냥 질문했을 뿐인데 불같이 화를 낸다.

"옷이 너한테 잘 안 어울린다"라는 말에 반론을 제기한다.

이런 일이 인생에서 사라지는 방법을 알려드릴게요. 이렇게 따라 해보세요.

“사실 저는 부족합니다.”

“사실 저는 변변치 않습니다.”

“사실 저는 친구가 없습니다.”

“사실 저는 인기가 없습니다.”

“사실 저는 미움 받는 사람입니다.”

“사실 저는 못생겼습니다.”

그다음에는 이렇게 말해보세요.

“나는 부족하지만 괜찮아.”

“나는 변변치 않지만 괜찮아.”

“나는 친구가 없지만 괜찮아.”

“나는 인기가 없지만 괜찮아.”

“나는 미움 받지만 괜찮아.”

“나는 못생겼지만 괜찮아.”

일단 이렇게 소리 내서 말하며 나를 인정하는 것입니다. **나의 나약함과 부족함을 인정하지 않으면 자꾸 그런 부분만 눈에 보이게 됩니다.** 그러니까 우선은 그 말을 받아들여봅시다.

전전긍긍하며
지금의 나를 부정하지 마라

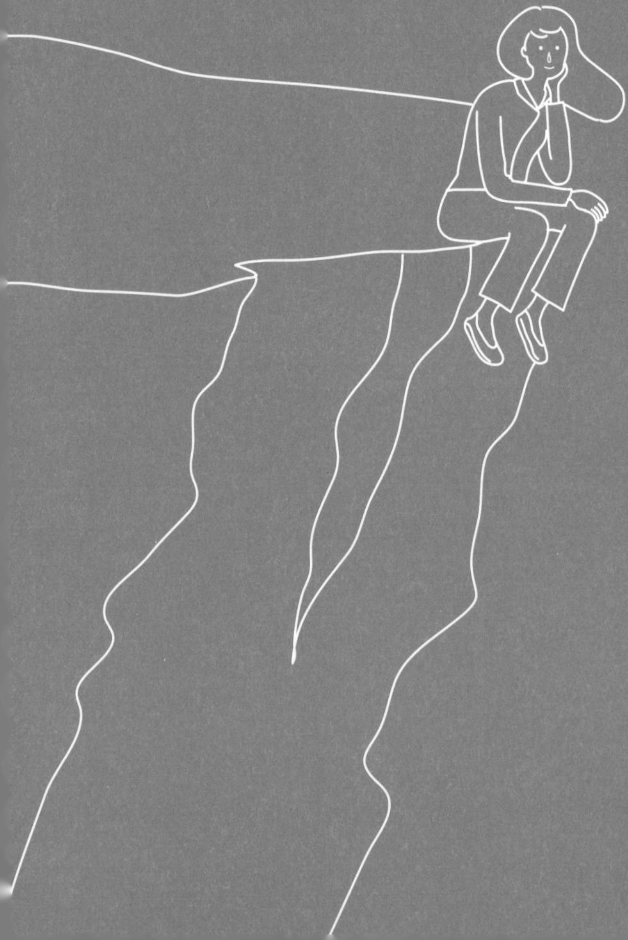

'나는 무능해', '왜 이런 것도 못할까'라는 생각으로 우울해지거나 '왜 나는 인정받지 못할까', '계속 이렇게 살아도 되는 걸까' 하고 불안해질 때 사람들은 종종 이렇게 말합니다.

'고민하면서 성장한다!'

그런데 이것도 일종의 오해입니다. '고민'이란 '현재를 부정하는 것', '지금의 내가 무능하다고 생각하는 것'입니다. **자꾸 고민할수록 지금 나의 안 좋은 면만 계속 확인하게 되죠.** 그렇게 해서 성장했다 한들 또 같은 고민을 반복하고, 자기를 부정하며 안 좋은 면을 확인합니다. 그러면 계속해서 부정당하고 미움 받는 나에게 발목을 잡힙니다.

그럼 어떻게 해야 할까요? 현실에 만족하면 됩니다. 그래야 다음 단계로 갈 수 있죠. 즉,

- **지금의 나를 인정한다.**
- **지금의 나를 용납한다.**
- **지금의 나를 긍정한다.**

이러한 과정을 거칠 때 비로소 다음 단계로 나아갈 수 있는 것입니다.

지금의 나에서 '중퇴'하면 다음으로 나아갈 수 없습니다. 지금의 나에서 '졸업'해봅시다. 고민에 빠져 지금의 나를 자꾸 부정하며 단점만 보면 졸업하기 어렵습니다.

지금의 나만 할 수 있는 일이 있습니다. 그것부터 멋지게 해내는 거예요. 지금의 나를 인정하고, 지금의 나를 받아들이며, 그리고

즐기세요. 그런 마음이 가득차면,

- **필요 이상으로 바라지 않아도 된다.**
- **인정받으려 하지 않아도 된다.**

이렇게 생각이 바뀌면서 불안도 해소됩니다.

있는 그대로 감정을 오롯이 느껴라

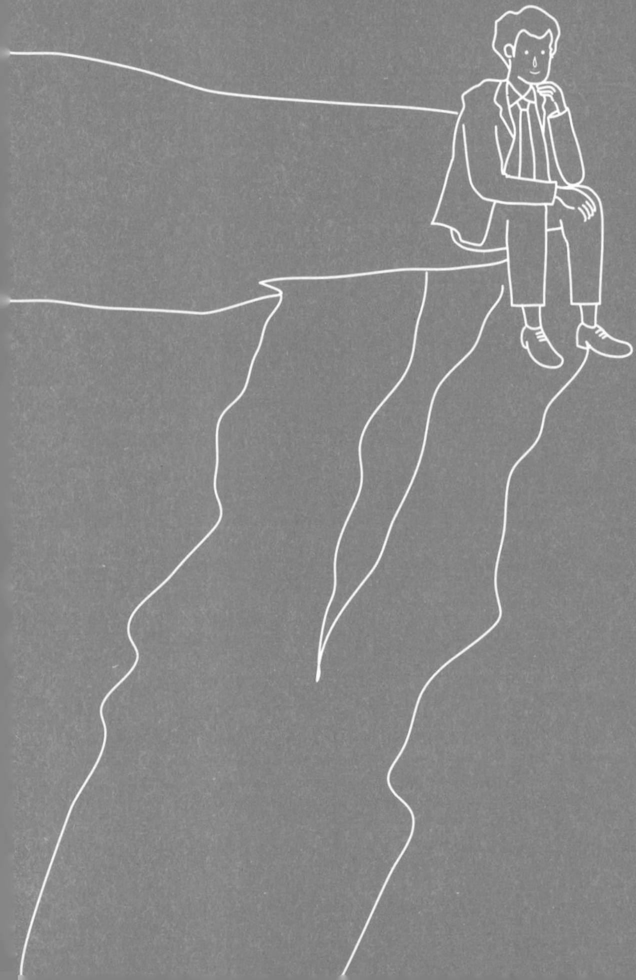

불안하고, 마음이 갈팡질팡하고, 우울할 때면 이런 생각이 들지 않나요?

'흔들리지 않는 마음이 필요해.'

'항상 당당하고 여유롭게 살고 싶어.'

확실히 안정감 있는 사람 옆에 있는 게 좋잖아요. 감정을 컨트롤해서 무게 있는 사람이 되고 싶은 것입니다.

그런데 감정의 '컨트롤'과 '억압'을 혼동하는 사람이 많습니다. '억압'이란 감정 표출을 볼썽사납다고 생각하며 참는 것을 말해요. 따라서 컨트롤과 같다고 보기는 어렵습니다.

'컨트롤'은 '제어'입니다. 내가 생각한 대로 행동하는 거죠. '억압'은 감정을 그저 억누르는 것이고요. 큰 차이가 있죠?

감정은 표출하든 표출되든 드러내는 것이 좋아요. 꾹꾹 눌러 담지 말고 있는 그대로 느끼는 거죠.

'아아, 슬프다.'

'아아, 억울해.'

상대가 화내거나 기분 나빠할 때도 마찬가지입니다. 대부분은 즉각 '뭐 그런 걸로 화를 내고 난리야!?' 하고 똑같이 화를 내거나, '어? 나 때문에 열 받았나?' 하고 자책하거나, '제 기분이 나쁘면 내가 사과라도 할까봐?' 하고 똥고집을 부립니다.

그런데 말이죠. 그 사람에게도 화낼 이유와 권리가 있습니다. 그것까지 내가 막을 수는 없어요. 따라서 화나는 내 자아를 억누르지도, 상대의 화를 부정하지도 말고 '그렇구나', '화났구나' 하고 일단 그대로 받아들이는 수밖에 없어요.

곰곰이 생각해보세요. **화난 상대에게 화내지 말라고 해봐야 무슨 소용이 있나요? 그러니까 화내게 두세요. 기분 나빠하게 가만히 놔두세요.** 있는 그대로 받아들이세요. 당신이 화낼 필요도 없고 덩달아 기분 나빠할 필요도 없답니다.

지금 머무는 곳을
리조트로 만들어라

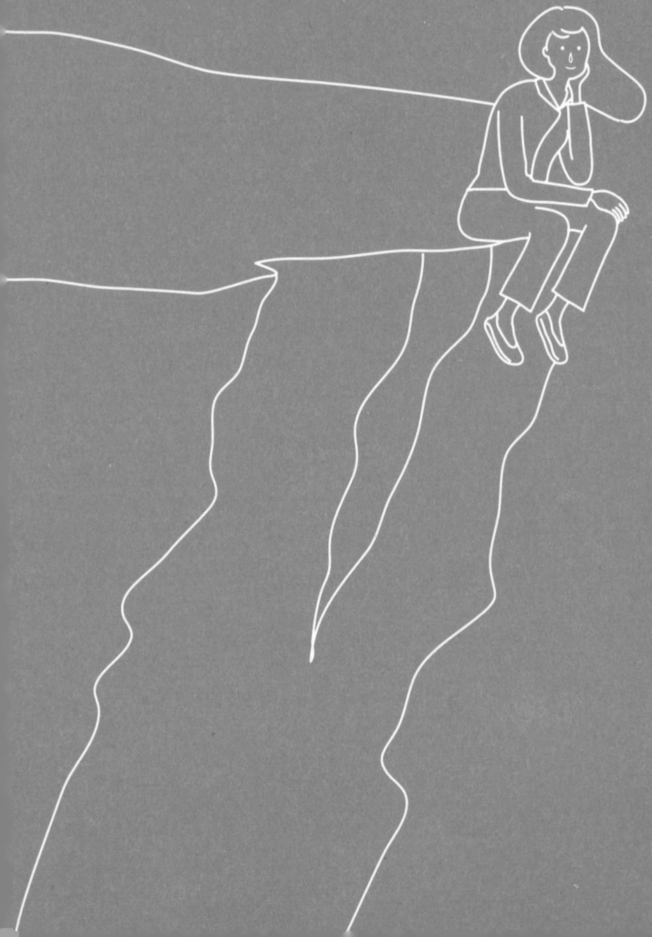

언젠가 슬럼프에 빠져서 공연히 컴퓨터 앞에 앉아 시간만 보내던 때가 있었습니다. 책상 위에도, 아래에도, 컴퓨터 속에도, 여기저기 처리하지 못한 일이 산더미처럼 쌓여갔죠. **어디부터 손을 대야 할지 막막했어요.**

메일함부터 열까?

블로그 업데이트를 할까?

벌써 저녁이네?

언제 이렇게 어두워졌지?

정말 바보 같았죠.

그때 알고 지내던 풍수 전문가가 말하길, '풍수는 한마디로 기분 좋은 공간을 만들어서 머릿속에 좋은 물질이 분비되게 하는 것'이라고 했습니다. 풍수를 논할 때 따지는 '방향' 따위는 모두 수단일 뿐 '기분 좋은 공간을 만들어 기분 좋게 지내는 것'이 진짜 목적이라는 뜻일 거예요.

그래서 일단 큰맘 먹고 정리부터 시작했습니다. 그랬더니 스멀스멀 의욕이 샘솟기 시작했죠. 신기한 경험이었어요.

지금 머무는 곳을 근사하게 만든다.
지금 머무는 곳을 리조트나 명당으로 만든다.

그러면 나에게 흐르는 에너지가 바뀝니다. 회사든 집이든 어디에서든 내가 좋아하는 물건을 배치해서 기분 좋은 공간을 만들어보세요.

방해하는 사람도 있을 것입니다. 하지만 그러한 제약 조건 속에서도 내 기분을 좋게 만들기 위해 노력해보는 거예요. 게임처럼 즐기면서 말이죠.

지금을 살아가는 방법
-다만, 밥을, 씹는다

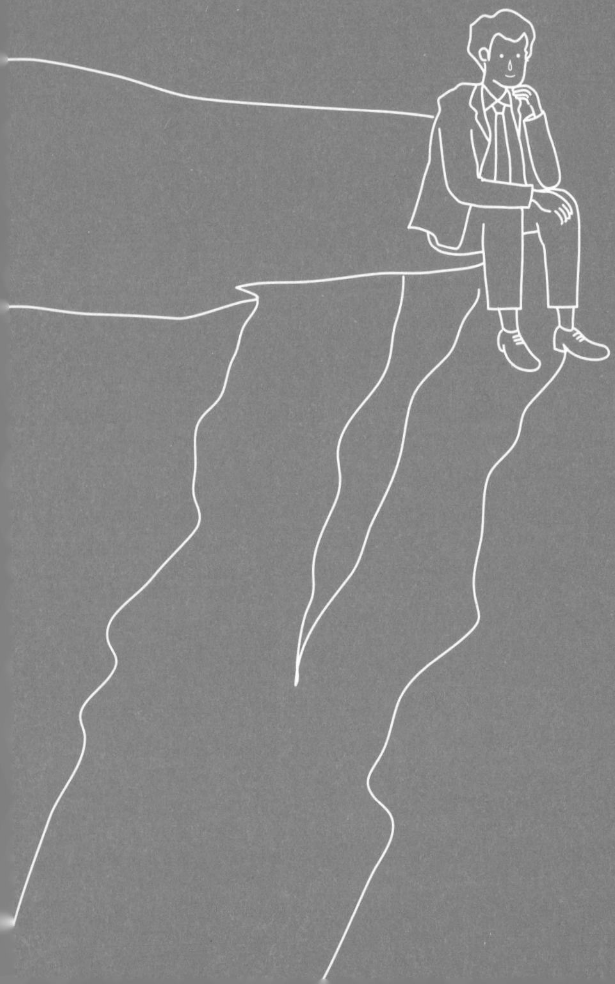

'지금'을 살아가는 가장 간단한 방법은 무엇일까요?

밥을 먹을 때 횟수를 세면서 씹는 것. 이게 전부입니다.

좌선수행을 할 때도 밥이 입에 들어간 후에는 손을 움직이지 못합니다. 밥그릇을 들어서도 안 되고, 밥에 손을 대서도 안 됩니다.

다만, 지금, 씹는다.

여기에만 집중하라는 뜻이겠죠.

밥 먹을 때만큼은 즐겁게 수다를 떨고 싶다는 생각이 들 수도 있습니다.

만화도 읽고,

텔레비전도 보고,

미래를 불안해하고,

과거를 후회하기도 하면서…….

그것은 먹어도 먹는 게 아니죠. **가끔은 말없이 밥에만 집중하는 것도 좋지 않을까요.**

씹는다, 씹는다, 씹는다.

지금을, 살아간다.

일단은, 다만, 씹는다.

다만, 지금을, 쌓는다.

걱정은 하면 할수록
현실이 된다

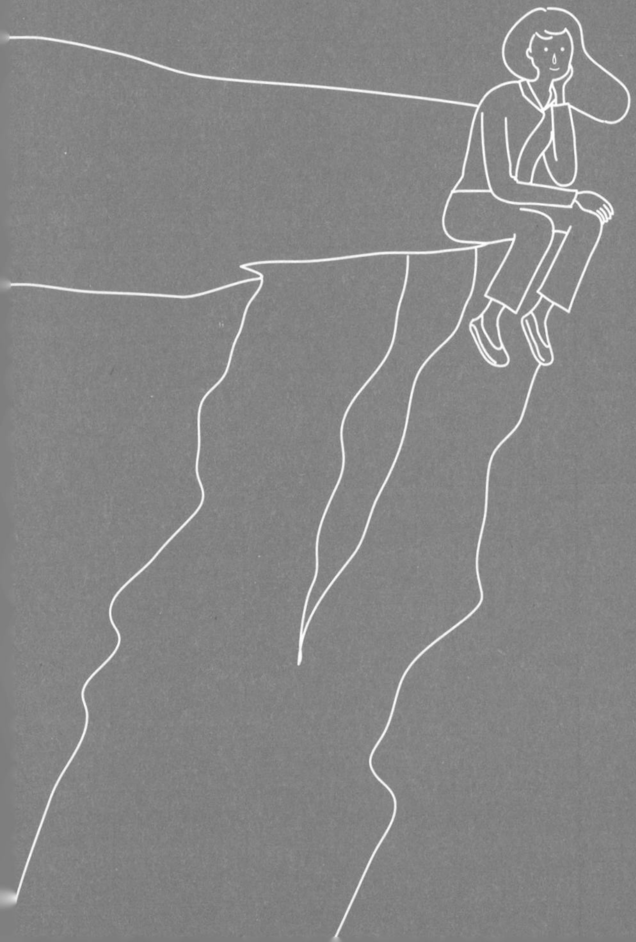

이번에 할 이야기는 문장으로만 전달할 경우 오해의 소지가 있어서 굳이 제목을 정해봤습니다. 일명 '반면교사의 법칙'입니다.

제가 상담이나 세미나를 할 때면,

'그 사람처럼 하면 안 된다.'

'그 사람처럼 되고 싶지 않다.'

'나는 그 사람과 다르다.'

이렇게 생각하며 우월감에 빠져 있는 사람이 굉장히 많아요. 그런데 그 사람(반면교사)처럼 되지 않으려고 온 힘을 다해 노력하다 보니 고유의 장점이나 힘까지 잃어버립니다.

그리고 여기서 '그 사람'이 자신의 부모님을 가리킬 때가 상당히 많습니다. 이들은 주변에서 그 사람(부모님) 같은 사람을 볼 때마다 분노를 느낍니다. 뿐만 아니라 '역시 그렇게(부모님처럼) 되면 안 돼'라고 생각합니다. 이때의 목적은 '그렇게 되지 않는 것'입니다.

그렇게 되지 않으려고 그러한 모습을 줄곧 관찰하죠. 그 이미지를 늘 머릿속에 그립니다. 아이쿠, 그런데 이건 그렇게 되는 가장 효과적인 방법 아닌가요(웃음)?

유명한 심리학 용어 중에 '부정명령'이라는 것이 있습니다. 이를테면, 제가 여러분 머릿속에 '고양이'를 상상하게 하고 싶을 때, 다음과 같이 말하는 것입니다.

"고양이를 상상하지 마세요."
"야옹 하고 우는 고양이를 상상하지 마세요."
"삼색털 고양이의 모습을 상상하지 마세요."

부정형으로 명령하는 거죠. 그러면 듣는 사람은 점점 또렷하게 '고양이'를 상상합니다. 하지 말라고 해도 '고양이', '야옹', '삼색털 고양이'라는 말을 들으면 머릿속에 반강제적으로 이미지가 떠오릅니다.

마찬가지로 '절대 하지 마' 하고 금지시키면, 더 쉽게 어깁니다. 다들 경험해보았겠지만, 긴장하면 안 된다고 자꾸 생각할수록 더더욱 긴장하는 법입니다.

'그렇게(부모님처럼) 살고 싶지 않아'라고 생각하는 사람도 마찬가지예요. '그렇게(부모님처럼) 되고 싶지 않아', '그 사람들(부모님) 같은 부부는 되지 않을래. 싫어'라고 항상 생각하다 보면 부모님처럼 됩니다.

그럼 어떻게 해야 할까요?

반대로 하세요. 간단하죠? "나는 부모님(반면교사)처럼 돼도 괜찮아"라고 말하는 거죠. 제가 이런 말을 하면 대다수는 이렇게 반응합니다.

"그렇게 말하다 정말 그렇게 되면 어떡해? 절대 싫어!"

"그러면 안 될 것 같은데. 진짜 그렇게 될까봐 겁나!"

유감스럽게도 그렇게 되지 않습니다. 부모님처럼 되기 싫어 기를 쓰다가 똑같이 되는 거예요. 그러니까 반대로 하세요.

'난 그렇게(부모님처럼) 가치관을 강요해도 괜찮아.'

'난 그렇게(부모님처럼) 청소 못 해도 괜찮아.'

여기서는 이해를 돕기 위해 부모님을 예로 들어 설명했습니다만, '과거의 나', '과거의 부족했던 자신'으로 바꿔보면 어떨까요? 다시는 그렇게 되기 싫다며 발버둥 치다가 오히려 예전으로 돌아가는 사람도 있습니다. 그럴 때는 이렇게 말해보세요.

'난 (과거의 나처럼) 약해도 괜찮아.'

'난 (과거의 나처럼) 남에게 휘둘려도 괜찮아.'

'난 (과거의 나처럼) 소중한 존재가 아니어도 괜찮아.'

되기 싫다고 생각하면 더더욱 그렇게 된다는 사실을 명심하세요.

안 된다는 생각을 버리고
나에게 선택의 자유를 줘라

사람들은 흔히 '부정적인 말은 현실이 될 수 있으니 삼가는 게 좋다'라고 말합니다. 과연 그럴까요? 바로 앞에서 말했듯이 그렇게 생각하는 순간 부정적인 말이 더 많이 생각납니다. **'말하지 말자', '생각하지 말자'라고 하면서 금세 말하고, 생각하게 되죠. 그것도 매우 자주요.**

그렇게 자주 말하고 생각하면 현실이 될 수밖에 없습니다. '난 물건 파는 재주가 있어'라고 자꾸 상상하면 금세 현실이 됩니다. '고객에게 청산유수로 설명하는 나'를 자꾸 상상하면 실제로도 능수능란하게 설명하게 됩니다. 이미지 트레이닝을 잘 할수록 현실이 되죠.

장사를 할 때도, '매출이 떨어지면 안 돼', '손님이 없으면 큰일 나', '적자가 나면 안 돼', '고객에게 불만이 접수되면 안 돼', 이런 생각에 얽매여 ×표만 붙이면 '부정명령' 때문에 오히려 현실이 됩니다.

그러므로 'OOO 해도 괜찮아', 'OOO 하지 않아도 괜찮아'라고 말하는 것이 좋습니다. OOO 해도 괜찮고, OOO 하지 않아도 괜찮습니다.

'매출이 떨어져도 괜찮아.' (올라도 괜찮아.)
'손님이 없어도 괜찮아.' (와도 괜찮아.)
'적자가 나도 괜찮아.' (많이 팔려도 괜찮아.)
'고객에게 불만이 접수돼도 괜찮아.' (칭찬 받아도 괜찮아.)

당사자에게는 굉장히 무서운 일이겠죠. 하지만 **'OOO 해도 괜찮아'라고 허락할 때 비로소 선택의 자유가 생깁니다. 내 선택**

에 의해 그렇게 되기도 하고 안 되기도 하는 거죠. 그 결과 부정 이미지의 속박에서 벗어날 수 있습니다. 어느 쪽이든 ○표를 칩니다. 그러고 나서 내가 좋은 쪽으로 선택하면 됩니다.

지금의 내 능력과 매력을 인정하고
멋진 자기 이미지를 상상하라

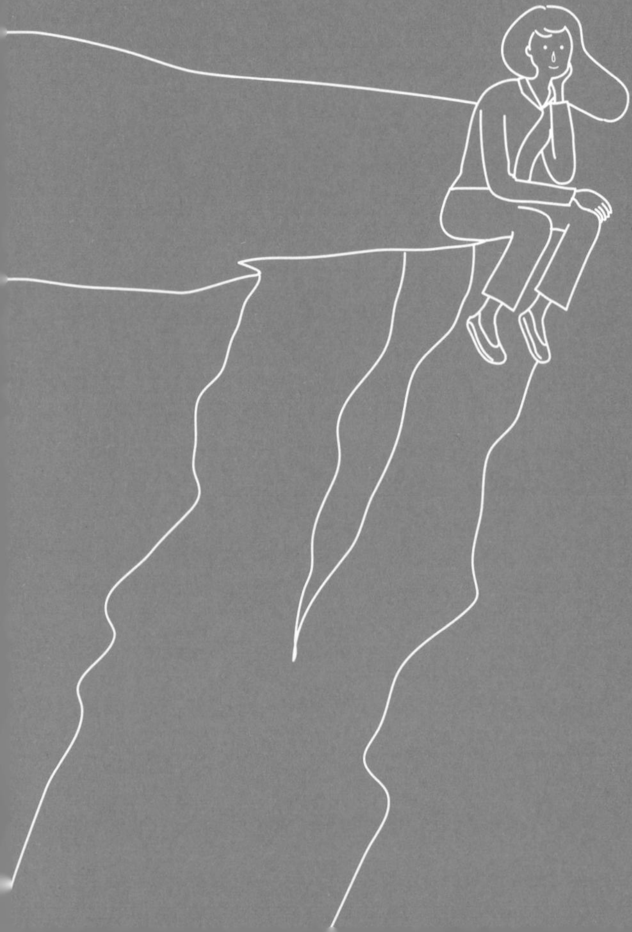

자신 없는 사람은 자신을 찾기 위해 '멋진 자기 이미지'를 상상하려고 합니다. 내가 꿈꾸는 나, 목표로 하는 나를 상상하죠. 이러한 생각은 목표를 갖는 것과 마찬가지라서 굉장히 중요합니다.

하지만 어떤 자기 이미지를 상상하느냐에 따라 원래 갖고 있던 능력, 매력, 가능성, 장점들이 발휘되지 않을 수도 있습니다. 왜 그럴까요?

자기 이미지는 내가 생각하는 나를 말합니다.

'지금의 내가 부족해서' 이상적인 자기 이미지를 가지려 한다.

'지금의 나를 인정하고' 이상적인 자기 이미지를 가지려 한다.

이 둘은 전혀 다릅니다.

자신 없는 사람, 쉽게 불안을 느끼는 사람은 전자와 같이 '지금의 내가 부족해서' 이상적인 자기 이미지를 가지려 합니다. 일단 지금의 자신을 부정하고 이상적인 자기 이미지를 갖는 거죠. 그 결과 종이인형을 만드는 일에 전력을 다하게 됩니다. 나에게는 능력과 가능성, 학력, 외모, 지인 등 이미 많은 것이 있지만 아무것도 없다고 평가합니다. 그리고 스스로를 깍아 내리며 자꾸 외부에서 다른 것을 취해 자신을 얻으려고 합니다.

이상적인 자기 이미지를 갖는 일은 매우 중요해요. 하지만 **일단 지금의 나를 인정하는 것이 먼저입니다. 지금의 나를 부정하며 상상하는 이상적인 자기 이미지는 진짜가 아닙니다.** 계속해서 거짓말을 하는 것과 같죠.

지금의 나를 부정하는 것은 내 능력과 매력, 가능성, 장점을 발휘하지 않고 있다는 뜻입니다. 나의 능력, 매력, 가능성, 장점을 모른 채 상상하는 이상적인 자기 이미지는 금세 무너집니다. 토대 없이 집을 짓는 것과 같아요.

'지금의 나'라는 튼튼한 토대 위에 다진 새로운 자기 이미지가 당신의 성장을 도와줍니다.

마음을 단련하기 전에 우선 긴장을 풀어라

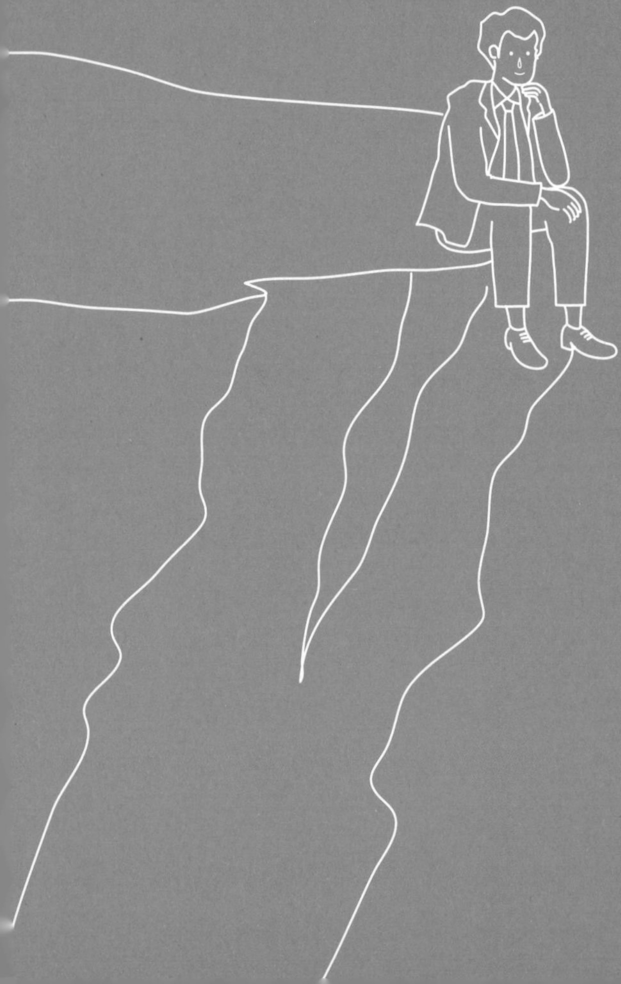

멋진 근육을 만들거나 근육의 잠재력을 최대치로 끌어내고 싶다면 먼저 긴장을 풀어야 합니다.

마음도 똑같아요. 새로운 습관을 갖거나 새로운 일에 도전할 때는 먼저 마음의 긴장을 풀어보세요. 이렇게 하는 거죠.

- **용납한다.**
- **인정한다.**
- **웃는다.**
- **단념한다.**
- **응원한다.**

마음의 긴장을 풀고 일단 인정합니다. '괜찮아' 하고 나를 토닥입니다. 그런 다음 목적을 향해 마음을 단련하면 효과적으로 마음의 근육이 붙을 거예요.

반대로 이러한 과정 없이 자꾸만 마음을

- **억누르고,**
- **흔들고,**
- **괴롭히고,**
- **탓하고……**

이렇게 고생시키면 오히려 굳어버립니다. 몸과 마음을 단련할 때는 먼저 긴장을 풀어보세요.

마음을 단련하기 전에 긴장을 푸세요.

3장

누가 뭐래도
나를 긍정하자

3장

누가 뭐래도 나를 긍정하자

나를 신뢰하는 데 중요한 두 번째 요소는 나를 긍정하는 것입니다. 예를 들면 이런 거죠.

'나에게 예스라고 말한다.'

'나를 사랑한다.'

'나를 칭찬한다.'

그런데 나를 긍정하기란 나를 인정하는 것보다 훨씬 어렵습니다. 나를 긍정하고, 사랑하고, '예스'라 말하고, 칭찬하려면 자신의 가치관과 사고방식에 부합해야 되거든요. 따라서 부정했던 나를 긍정하려면 사고방식과 가치관을 바꿔야 합니다.

'사고방식 바꾸는 게 그렇게 쉽나……'

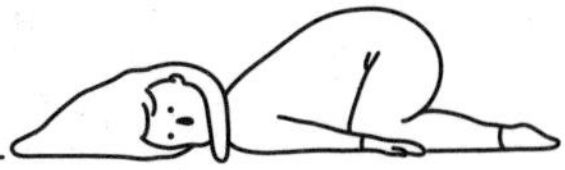

이렇게 생각하는 것도 당연해요. 하지만 사고방식은 의외로 갑자기 바뀌는 순간이 있어요. 가령 어릴 때는 매실장아찌를 안 먹었던 사람이 어른이 되어 우연히 맛본 후 맛있다고 하는 경우가 있습니다. 말 그대로 먹어보지도 않고 싫어한 거죠.

'싫다'라는 사고방식이 먹는 '행위'에 의해 바뀝니다. 나를 긍정하는 것도 마찬가지입니다. 행동에서 시작되죠. 사고방식을 바꾸기가 어렵다면 우선 몸으로 부딪혀보는 것도 한 가지 방법입니다.

먹지도 않고 싫어하는 것은
먹음으로써 바뀐다

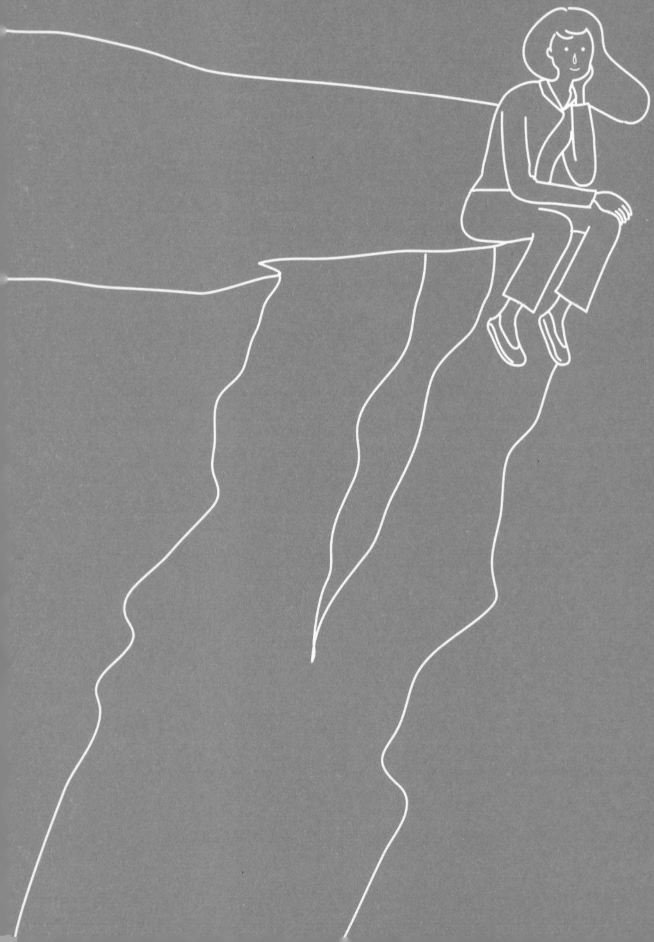

감정을 만드는 것은 다름 아닌 사고방식입니다. 눈앞에 벌어진 일을 '좋다', '나쁘다'로 반응하는 사고방식(가치관), 바로 이 사고방식이 감정을 만들죠. 자신의 사고방식(가치관)에 맞으면 '훌륭하다, 멋지다, 즐겁다, 기쁘다' 등의 감정이 솟아납니다. 반대로 자신의 사고방식(가치관)에 맞지 않으면 '잘못됐다, 슬프다, 분하다, 용납할 수 없다' 등의 감정이 솟아나죠.

따라서 만사가 안 풀리는 것 같고 원치 않았던 결과를 바꾸고 싶다면 이렇게 해보세요,

'결과'를 바꾸고 싶으면 '행동'을 바꾼다.
'행동'을 바꾸고 싶으면 '감정'을 바꾼다.

'감정'을 바꾸고 싶으면 '사고방식(가치관)'을 바꾼다.

결국 행동을 바꾸려면 사고방식을 바꿔야 합니다. 다시는 좌절하고, 분노하고, 울고 싶지 않다면 사고방식을 바꾸세요.

그런데, 재미있는 것은 그다음입니다.

사고방식(가치관)을 바꾸고 싶으면 행동을 바꾼다!

그 대표적인 예가 먹어보지도 않고 싫어하는 거예요. "괜찮으니까 먹어봐!" 그래서 먹었는데 의외로 맛있을 때가 있잖아요. 이런 경우 그 자리에서 가치관이 바뀝니다. 문제도 사라지죠. 마시기 전에는 하나같이 질색하던 콜라우유도 맛을 보고 나면 "최고야!" 하고 엄지를 드는 사람이 있다니까요(웃음).

매사를 부정적으로 생각하는 사람이 운동으로 몸을 움직임으로써 긍정적으로 바뀌기도 합니다. '이런 말 하면 싫어하겠지' 하고 늘 소심하게 굴던 사람이지만 용기 내서 던진 한마디가 훌륭한 결과로 이어지면 '자신 있게 말해도 괜찮다'라는 사고방식(가치관)으로 바뀌는 것입니다.

행동을 바꾸고 싶으면 사고방식을 바꾼다.
생각을 바꾸고 싶으면 행동을 바꾼다.
어느 쪽이든 할 수 있어요.

습관의 패턴을 깨라

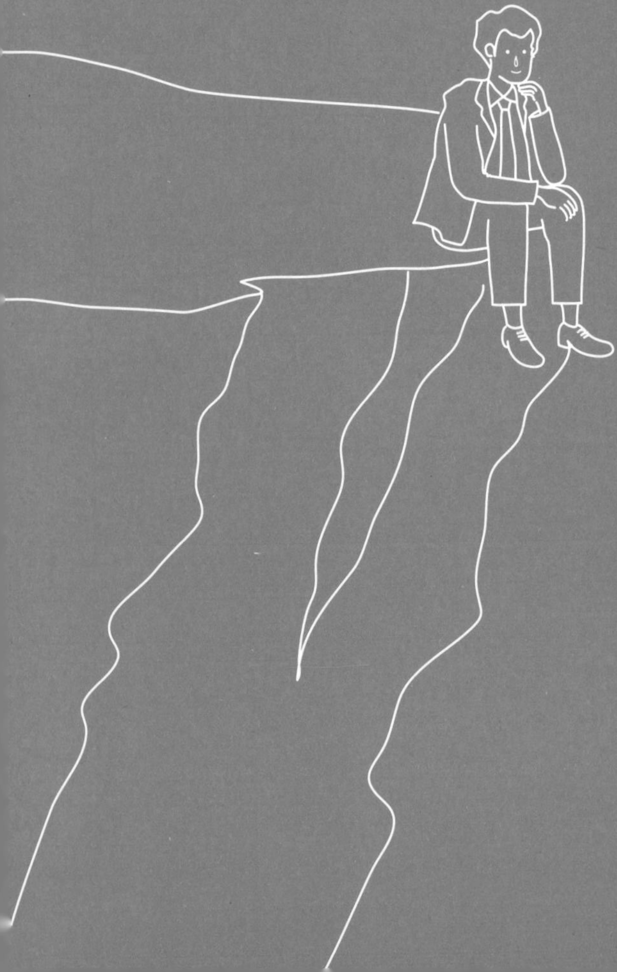

저는 사가와택배라는 택배회사에서 19년간 일했습니다. 이 회사는 '고객의 시간을 지킨다'를 모토로 삼았으며, 회사 내 군기도 매우 세서 업무 시작 5분 전에 모든 준비를 마치고 자리에 앉는 것을 당연시하는 곳이었습니다. 그래서 저도 시간 엄수에 목숨을 걸었던 것 같습니다.

하지만 회사를 그만둔 뒤, 누구에게나 시간 엄수가 상식은 아니라는 것을 알게 되었습니다. 저는 엄청난 문화충격에 시달렸고 미팅시간에 상대가 조금 늦기만 해도 참을 수 없이 화가 났어요. 시간이나 납기일을 지키지 않는 사람을 용납할 수 없었고, 시간관념이 느슨한 사람을 보면 비판하고 싶은 마음이 목구멍까지 차올랐습니다.

과거의 저처럼 **완고한 사고방식이나 가치관에 얽매여서 괴롭다면 기존의 패턴을 깨보세요.** 지각이 싫고 용납할 수 없다면 일부러 지각해보는 겁니다. 저도 해봤어요. 그랬더니 지각하는 사람들을 이해하게 되더군요. 아니, 오히려 반대일까요. 나의 지각을 용납했더니 타인의 지각도 용납하게 됐습니다.

물론 처음에는 시간을 엄수하는 문화가 몸에 배어서 적응하기 어려웠어요. 더구나 싫은 건 싫은 거니까요. 하지만 싫은 정도는 바뀔 수 있습니다. '절대 용납할 수 없어'에서 '그럴 수도 있지'로요. 100에서 5 정도로 줄어듭니다. '사람마다 시간감각이 다르니까' 하고 이해도 하면서요.

지금의 당신은 과거의 행동으로 이루어져 있습니다.

- **그동안 먹은 것.**
- **그동안 본 것.**

• 그동안 들은 것.

• 그동안 결정한 것.

지금의 나는 그것들이 쌓인 결과죠. 과거의 '습관'이 지금의 나를 만들었습니다.

습관에도 여러 가지가 있을 거예요. 좋든 나쁘든 그 버릇들을 유지한 결과, 지금의 내 모습이 원하던 바와 거리가 있다면 그 습관을 과감히 깨야 합니다.

다양한 상황에서 패턴을 깨보세요. 나에게 없었던 패턴, 하지 않았던 패턴을 시도해보면 변화가 일어날지도 모릅니다. 같은 패턴을 반복하면 같은 결과밖에 얻을 수 없잖아요? 지금의 결과가 불만족스럽다면 의식적으로 패턴을 바꿔보세요.

언제나 전전긍긍하는 사람은 가만히 지켜본다.

언제나 가만히 지켜보는 사람은 가끔 시끄럽게 떠들어본다.

언제나 자신의 의견을 내세우는 사람은 가끔 남의 이야기도 들어본다.

언제나 남의 의견만 듣는 사람은 가끔 자기 의견도 말해본다.

언제나 화를 내는 사람은 불만이 있어도 참아본다.

언제나 불만을 참는 사람은 이유를 대며 화내본다.

언제나 무채색 옷만 입는 사람은 화려한 옷을 입어본다.

언제나 자동차만 타고 다니는 사람은 전철을 타본다.

언제나 약속시간에 아슬아슬하게 도착하는 사람은 약속장소에 일찍 나가본다.

언제나 시간을 철저하게 지키는 사람은 일부러 지각해본다.

언제나 열심히 하는 사람은 게으름을 피워본다.

이렇게 해보고 내가 즐거운 쪽으로 선택하면 됩니다. 평소와 다른 일을 하려면 용기가 필요하죠. 저도 처음 지각하기로 마음먹었을 때 큰 용기가 필요했습니다. 하지만 하늘은 용기 있는 자는 돕는다고 하잖아요. 그래서 세미나와 상담이 있을 때면 '용기 내서 패턴을 깨라' 하고 말씀드립니다. 용기를 내서 극복하고 나면 반드시 멋진 미래가 기다리고 있을 거예요.

평소에 안 했던 일을 해보세요.

창피함을 자존심으로
착각하지 마라

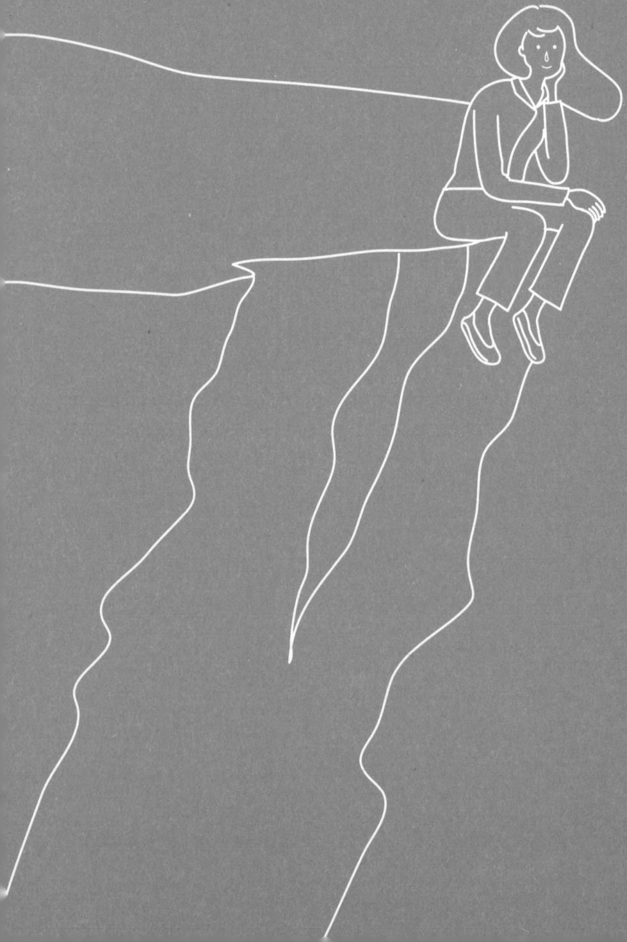

자신은 없지만 일단 해보기로 결심했을 때 이따금씩 나타나서 우리를 방해하는 존재가 있습니다. 큰맘 먹고 이제 막 한 발을 내딛으려는데 어느 틈에 찾아와 훼방을 놓는 녀석이죠. 바로 '자존심' 입니다.

'자존심 때문에 행동할 수 없다.'

'자존심 때문에 말할 수 없다.'

이때의 자존심은 아마도 '두려움'일 것입니다.

반대로 '내 자존심을 걸고 해내겠다.' 이때의 자존심은 '자긍심' 일 것입니다.

둘 다 자존심이라고 하지만 두려움과 자긍심을 혼동하면 인생에 브레이크가 걸립니다.

저도 예전에는 이 두 자존심과 처절하게 싸웠습니다. 두 번째 책을 냈을 때의 일입니다. 저는 책을 어떻게든 많이 팔아야겠다고 생각했어요. 그래서 친구를 비롯한 각계각층의 지인들에게 홈페이지, 블로그 등에 제 책을 홍보해달라고 부탁했죠. 하지만 한편으로는 갈등했습니다.

'이런 부탁 싫어하지는 않으려나.'

'이런 부탁을 하다니……, 모양 빠지네.'

'어떻게 해야 세련되게 부탁할 수 있을까?'

이러한 생각으로 머릿속이 가득했습니다.

부끄러움이라는 가짜 자존심이 이렇게 제 귓가에 속삭였습니다. 이것은 '상대에게 민폐가 아닐까.' '이런 부탁을 해서 나를 싫어하지는 않을까'라는 생각에서 오는 두려움입니다. 가짜 자존심의 정체죠.

그럴 때 저는 자존심과 자신이 원하는 것 중에 무엇이 더 중요한지 생각하라고 조언합니다.

'처음에 품었던 뜻은 무엇인가?'

'내가 정말 원하는 것은 무엇인가?'

'내 부탁을 싫어하는 사람은 그 정도의 사람인가?'

저는 두려움을 버리고 살면서 처음으로 여기저기 부탁해보았습니다. 그리고 이 좋은 책을 세상에 널리 알리고 싶다는 자긍심을 자존심으로 삼았습니다.

당신이 어떤 행동을 하려 할 때 자존심이 훼방을 놓는다면 그것은 자존심이 아닙니다. '가짜 자존심'이죠. 가짜 자존심은 부끄러움에서 오는 두려움일 뿐입니다. 그래서 행동을 멈추고 포기하게 만들죠. 귀찮고 부질없다며 행동을 주저하게 만들고 변명을 만듭니다.

자존심이 훼방을 놓아서

- **말하지 못하고,**
- **고마워하지 못하고,**

- **응원하지 못하고,**
- **칭찬하지 못하고,**
- **표현하지 못하고,**
- **용납하지 못합니다.**

이래서는 제자리걸음 인생이 됩니다. 행동할 수 없죠.

오늘부터 가짜 자존심을 버리고 진짜 자존심, 즉 자긍심를 가져 보세요. 당신이 원하는 것은 창피당하지 않는 것인가요? 아니면 원하는 바를 쟁취하여 앞으로 나아가는 것인가요? 그래도 무서운 건 무섭고, 싫은 건 싫을 때가 있지만요(웃음). 그건 그거대로 괜찮아요.

그 자존심이 당신의 행동을
방해하고 있지는 않은가요?

무엇이든 적당히

타인에게 엄격한 잣대를 들이대는 사람이 있죠. 저도 그랬습니다. 나름 이유는 있었어요.

① 선배가 군기를 잡았다.

② 그것을 극복했다.

③ 그 결과 자신감과 자긍심을 얻었다.

제가 이러한 과정을 거쳤기 때문입니다. 그래서 타인에게도 '더 노력해라', '스스로 해라', '앓는 소리 하지 마라', '할 수 있다'라며 똑같은 잣대를 들이댔습니다. 나는 그렇게 했고 덕분에 자신감과 힘을 얻었다. 그러니까 너도 해라. 성장할 수 있다. 남에게 자꾸 기대면 성장할 수 없다. 이렇게 제 자신도 억지로 했던 일을 타인에게 강요한 것입니다. 이런 일은 선배와 후배, 상사와 부하, 시어머니와 며느리, 부모와 자식 사이에 자주 발생합니다.

하지만 거친 파도를 헤치듯 역경을 극복해온 것도 어떻게 보면 제 의지는 아니었습니다. 닥치는 대로 열심히 살았을 뿐이죠. 이 같은 역경을 극복하지 못한 사람은 오히려 '괜찮아, 괜찮아', '애쓸 필요 없어'라며 타인에게 관대해집니다. 내가 싫었던 일은 타인에게도 강요하지 않는 거죠.

그렇다면 어느 쪽이 더 좋은 걸까요? **역경을 딛고 타인에게 엄격하게 구는 사람과 역경을 극복하지 못하고 타인에게 관대한 사람 중 누구에게 더 호감이 가나요?**

'엄격함' 덕분에 기술을 닦고 근성을 길러 성장할 수 있다.
'관대함' 덕분에 자유를 만끽하며 즐겁게 성장할 수 있다.

'엄격함' 때문에 자신과 타인에게 항상 엄격해서 때로는 관계가 깨질 수 있다

'관대함' 때문에 고생은 항상 피해 다니다가 나약한 인간이 된다.

어느 쪽이든 관계없습니다. **모든 일에는 좋은 면과 나쁜 면이 공존하죠. 적당한 게 가장 좋은 것 아니겠어요?** 좋은 면만 보고 동경하거나 나쁜 면만 보고 비난하지 마세요. 누구나 좋은 면과 나쁜 면이 있답니다.

나의 행복이 먼저

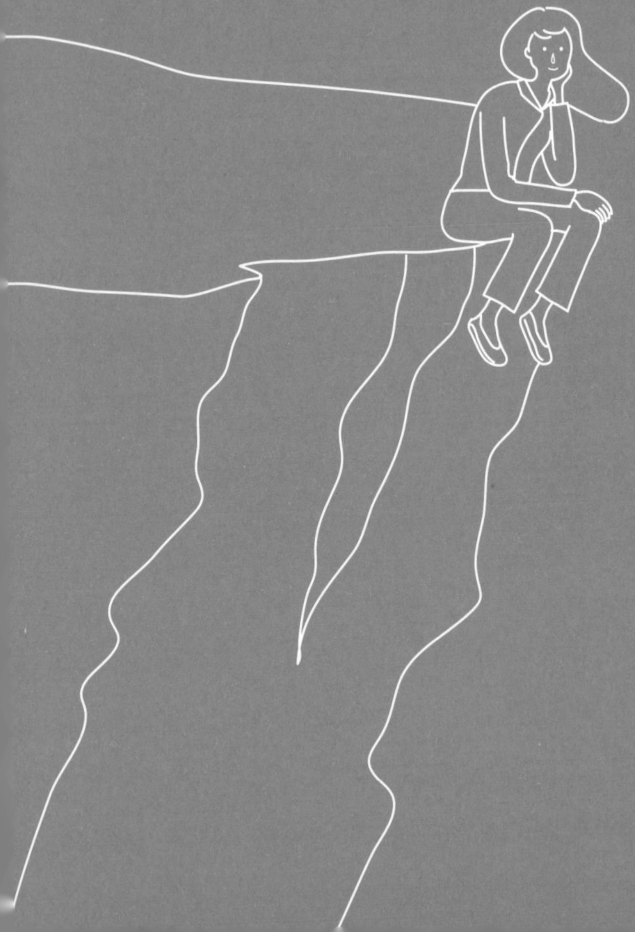

자신 없는 사람은 칭찬하는 데 서툴죠. 왜 그럴까요.

칭찬은 주는 것입니다. 즉, 갖고 있지 않으면 줄 수 없습니다. 자기에게 없기 때문에 칭찬할 수 없는 거예요.

갖고 있지 않다???

나도 받지 못했어.

받지 못했으니까 없는 거야.

칭찬받지 못했고 인정받지 못했어.

그래서 누군가를 칭찬도, 인정도 못해.

이런 식으로 착각합니다.

그러니까 남에게 주기 전에 내가 갖고 싶어. 더 많이 갖고 싶어.

더 칭찬받고 싶어, 더 인정받고 싶어.

'난 별로 칭찬받고 싶지 않아, 인정받고 싶지 않아.'

이것도 사실은 칭찬받고 싶은 거예요. 칭찬받고 싶은 마음을 체념했을 뿐 속으로는 여전히 칭찬과 인정을 원합니다. 나는 갖고 있지 않으니까.

그런데 아세요? 사실은 원래 갖고 있었어요. 태어날 때부터 있었지만 잘못 생각하고 있을 뿐입니다.

나는 칭찬받지 못했어.

칭찬은커녕 혼나기만 했다고.

사실은 간절히 원했어.

이런 생각이 오래되면 언제나 결핍을 느끼게 됩니다. **우선 내가 행복해져야 이 감정을 해소할 수 있어요. 과거에 못 받은 것은**

앞으로도 못 받습니다(웃음). 그렇다면 내가 직접 줄 수밖에요.

내가 나를 인정한다.

내가 나를 칭찬한다.

모든 행동의 바탕은 타인에 대한 배려

나를 걱정하는 것과 남을 걱정하는 것의 차이에 대해서 이야기해 보겠습니다. 앞서 설명했듯이, 기본적으로 우리의 마음은 반응합니다. 누군가의 말과 행동에 반응하죠. 마음속 반응의 씨앗, 즉 사고방식(가치관)에 투영하여 반응합니다. 자동적인 현상이에요.

나를 싫어한다는 생각이 들면 악의 없는 타인의 언동을 '나에 대한 미움'과 연결시킵니다. 열등감이 있으면 타인의 별뜻 없는 행동을 '나에 대한 무시'와 연결시킵니다. 스스로 불쌍한 사람, 항상 남들이 막 대하는 사람이라고 생각하면 타인의 평범한 의견에도 나를 부정하고 상처 줬다고 반응합니다.

이렇게 반응하는 사람은 타인도 자신과 똑같을 거라고 생각

합니다. 그래서 자기 의견을 말하고 행동하는 것에 두려움을 느껴요. '나를 걱정하면' 이처럼 무서워서 행동하지 못하게 됩니다.

한편 '남을 걱정하는' 방법은 여러 가지가 있겠지만 여기서는 배려의 측면에서 접근해보겠습니다. 배려란 무엇일까요. 상대에게 마음 써주는 상냥함입니다. 나를 걱정하는 것과 어떤 차이가 있을까요?

'나를 걱정해서' 말하지 않는다. ← 두려움에 기인합니다.

'남을 걱정해서' 말하지 않는다. ← 애정에 기인합니다. 즉 상냥함, 배려죠.

나를 걱정하는 사람은 언제나 말하지 '못'합니다.

남을 걱정하는 사람은 일부러 말하지 '않'습니다.

그리고 남을 걱정하는 사람은 껄끄러워도 할 말은 합니다.

내가 제어할 수 없을까봐 '걱정돼서 말하지 못합니다.'

내가 제어할 수 있지만 '남을 걱정해서 말하지 않습니다.'

자신 없는 사람은 '나를 걱정하며' 행동합니다.

자신 있는 사람은 '남을 걱정하며' 행동합니다.

당신의 어느 쪽인가요?

장사와 연애의 본질은
우직하게 밀고 나가는 힘

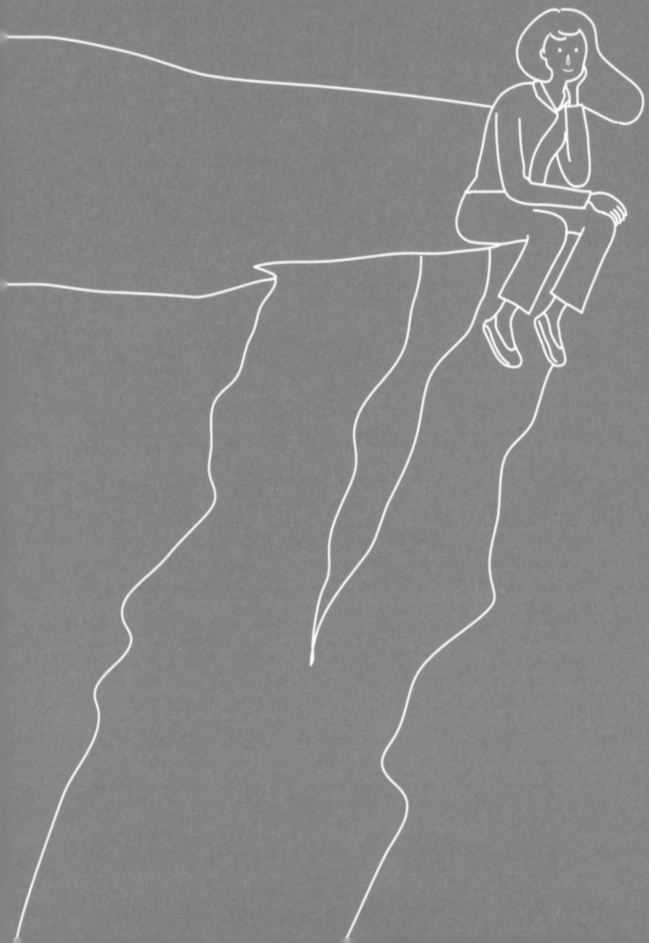

어떻게 하면 이성에게 인기를 얻을 수 있을까.

어떻게 하면 장사를 잘 할 수 있을까.

어떻게 하면 부하의 존경과 상사의 신뢰를 얻을 수 있을까.

세상에는 별 노력 없이도 자신만만하게 살아가는 사람들이 있습니다. 반면 아무리 노력해도 잘 안 풀리는 사람도 있죠. 큰 고생 없이 성공해서 잘나가는 사람은 애초에 어떤 특별함, 훌륭함을 갖고 태어난 것인지도 모릅니다.

우리 같은 평범한 사람들은 부단한 노력이 필요해요. 하지만 잘나가는 사람들을 보면 무심코 하루아침에 성공하는 방법을 찾으려고만 합니다. 복권이 당첨되기를 기대하는 느낌이랄까요?

이성에게 인기 있는 사람의 헤어스타일과 옷차림을 따라 한다고 나도 그렇게 되는 것은 아닙니다. 그럼 외모를 제외하고 그들과 나의 공통점이 뭘까요? 상냥함과 진정성이 있다는 점 아닐까요? 그들은 평소 남에게 잘 베풉니다.

- **대가 없이 타인을 응원한다.**
- **대가 없이 많은 것을 제공한다.**
- **타인의 기쁨을 위해 깜짝쇼를 준비한다.**
- **이벤트가 있으면 도우미를 자처한다.**
- **진심을 다해 칭찬한다.**

장사와 연애의 달인이 되려면 꾸준함이 필요합니다. 변함없는 노력과 시행착오를 계속 해나갈 각오가 있어야 해요. 좋은 아이디어가 있으면 우직하게 밀고 나가세요.

곰곰이 생각해보면 이성에게 인기를 얻는 방법, 장사를 잘 하는 방법에 대한 답이 나올 거예요. 아무런 노력도 하지 않으면서 '재는 잘 생겼으니까', '저 녀석은 원래 돈이 많으니까', '저 사람은 재능이 있으니까'라고 꼬아서 생각하지 말고요.

말을 거는 것도.

실패하는 것도,

배려하는 것도,

생각하는 것도,

기쁘게 하는 것도

모두 기쁜 마음으로 행동으로 옮길 때 의미가 있다고 생각해요. 즉, 사랑은 행동으로 보여주는 것입니다.

"당신의 **가치관**으로
나를 **재단**하지 마세요!"

타인의 한마디에 자신을 잃을 때가 있습니다. '난 안돼'라고 생각하며 금세 풀이 죽죠. 저도 그런 경험이 있습니다.

누군가 자기의 가치관에 따라 무언가를 강요하면 이렇게 말해보세요.

"당신의 가치관(법)으로 나를 재단하지 마세요."

네, 그렇습니다. 용기 내서 말해보세요.

말하기 껄끄러운 상황일 때는 마음속으로 해도 돼요. '당신의 가치관(사고방식)으로 나를 재단하지 마'라고요.

그리고 나도 누군가를 내 가치관에 따라 재단하지는 않았는

지 생각해보세요. 예를 들면, 당신을 재단하려 한 사람을, '말투 참 이상하네' 하고 재단하지는 않았나요? '촌스러운 사고방식이군' 하고 업신여기지는 않았나요?

당신이 생각하는 옳고 그름의 기준으로 상대를 재단하고 있지는 않은가요?

자신마저 재단하고 있지는 않은지요(남김없이 잘라내고 있는 것은 아니겠죠?).

남을 재단하면 나도 재단 당해요.

4장

지금 여기 있는
나를 믿자

4장

지금 여기 있는 나를 믿자

나를 신뢰하기 위한 세 번째 요소는 나를 믿는 것입니다.

나를 인정하고, 긍정하고, 믿는다.

나를 신뢰하기 위해 나를 믿는다.

무슨 말인지 모르겠다고요?

'나를 믿는다.' 무슨 의미일까요?

나는 지금도 괜찮다고 믿는다.

내 가능성을 믿는다.

내 능력을 믿는다.

나에게 '존재함'을 믿는다.

나는 아무것도 부족하지 않다고 믿는다.

말로 표현한다면 이런 것 아닐까요? 나를 믿고 안 믿고는 자신에게 달려 있습니다. 나 외에는 아무도 할 수 없죠. 다른 사람은 할 수 없는 일입니다. 신을 믿는 것과 비슷할 수도 있겠네요.

나를 믿을 때와 안 믿을 때, 어느 쪽이 더 행복할까요?

4장에서는 나를 믿는 데 중요한 것들에 대해 이야기를 해보고자 합니다.

내 생각과 감정은
내가 정한다

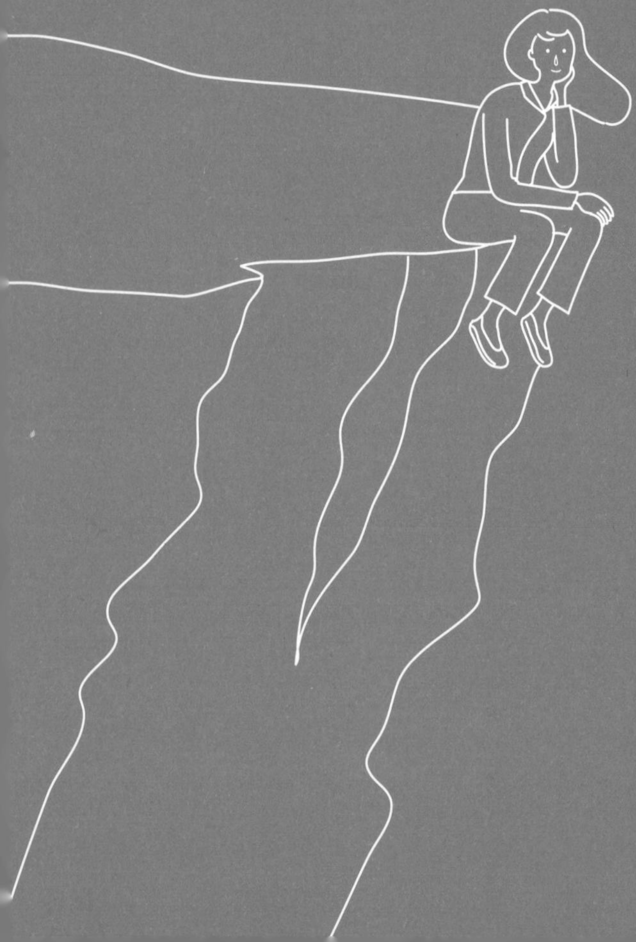

인생을 살다 보면 별의별 일이 다 있습니다. 즐거운 일도 있고, 불행한 일도 있고, 마음 아픈 일도 있죠. 그런데 사람마다 이러한 인생의 이벤트를 받아들이는 방식은 제각각입니다. 같은 말을 들어도 욕으로 생각하는 사람이 있는가 하면 그렇지 않은 사람도 있습니다.

큰 사고로 다쳤을 때, '나는 왜 이렇게 재수가 없을까'라고 생각하는 사람이 있고 '휴, 목숨은 건졌으니 다행이야'라고 생각하는 사람이 있습니다. **무슨 일이든 생각하기 나름입니다. '사고방식'에 달렸다고 할까요? 그렇다면 나에게 벌어진 일을 어떻게 받아들여야 할까요.**

'도대체 나는 뭐가 문제일까?' 스스로에게 이런 질문을 하면 어떻게 될까요?

네, 당연히 나의 나쁜 점들만 찾게 됩니다. 그리고 그런 식으로 내 인생에 일어나는 모든 일이 내 탓인 양 증거 수집에 몰두하는 인생이 되고 맙니다.

아시다시피 당신 잘못이 아니에요. 어쩌다 벌어진 일을 나쁘게 받아들인 것뿐입니다. 무엇이든 '나쁘게 받아들이는' 사고방식은 '불행해지는 사고방식'입니다. 매사를 그렇게 받아들이면 불행할 수밖에 없죠. 별일도 아닌데 구태여 나쁘게 받아들이니까요. 예를 들면, 천천히 걷는 고양이를 보고 '피하지도 않네……, 내가 만만한가?'라고 생각하는 식입니다.

그럴 때는 왜 이러한 '사고방식'을 갖게 됐는지 곰곰이 되짚어보세요. '어쩌다' 발생한 사건 때문에 갖게 된 사고방식이라면? 우리는 인생을 커다란 착각 속에서 살게 됩니다. 하지만 당장 내 의사에 따라 바꿀 수 있어요. 어떤 '사고방식'으로 살지는 자신이 정합니다.

내 인생, 내 사고방식, 내 감정은 내가 정한다, 라고 생각해봅시다(웃음).

착각이라고 착각한다

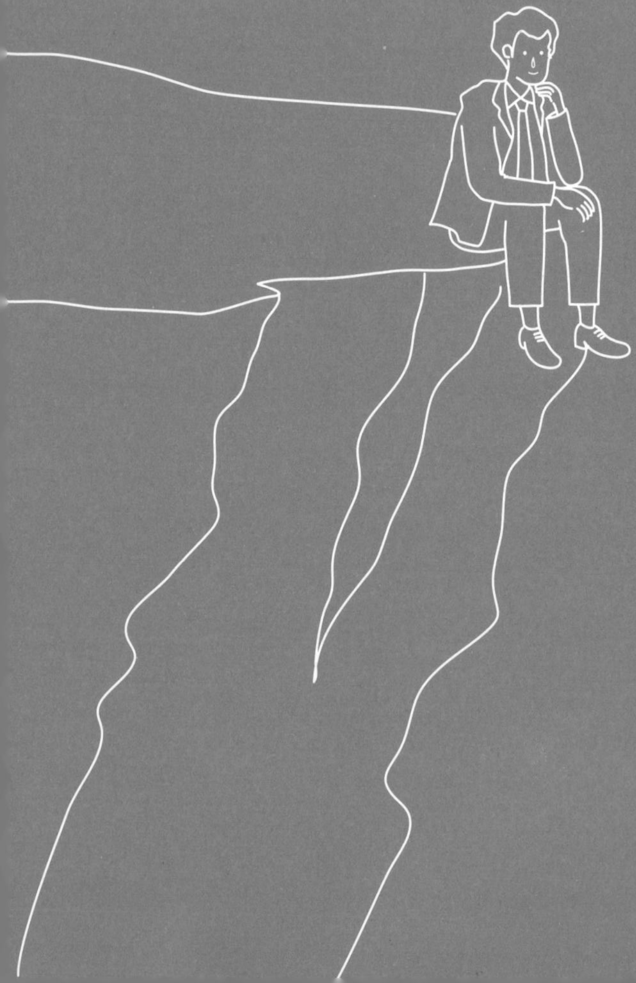

자신 없는 사람은 타인과 무언가 함께 하는 것에 서툽니다. 제안도 잘 못하고요.

"같이 점심 먹으러 가자"라고 말하고 싶다.

"같이 술 마시러 가자"라고 말하고 싶다.

"이번 일 같이 하면 재밌을 거야"라고 말하고 싶다.

"이 책 재밌어, 읽어봐"라고 말하고 싶다.

"재밌어 보이는 전람회가 있는데 같이 갈래?"라고 말하고 싶다.

제안은 못하고 이렇게 생각만 합니다. 겨우 용기 내서 말했는데 상대가 거절하면 온갖 이유를 떠올립니다. 상상합니다. 망상합니다. '날 싫어하는구나.' '내가 재미없는 인간이라 그런가봐.' 저도 예전에 그랬기 때문에 잘 알아요.

남에게 거리낌 없이 제안하는 사람은 그런 걱정을 조금도 안 합니다. '당연함'의 기준이 전혀 다릅니다.

거절당하는 이유는 사실 여러 가지예요.

① 정말 상황이 안 좋아서
② 본인의 관심사가 아니라서
③ 몸이 안 좋아서
④ '그냥' 내키지 않아서
⑤ 돈이 없어서
⑥ 본인이 가도 되는 자리인지 잘 몰라서
⑦ 제안한 사람과 정말 어울리고 싶지 않아서

그런데 제안에 서툰 사람은 상대가 항상 ⑦번처럼 생각할 거라고 착각합니다. 거절당하면 나쁜 쪽으로 반응하는 거예요. 그래서 '나랑 어울리기 싫은가보다' 하고 착각하죠. 심해지면 그 착각을 정당화하기 시작합니다. 즉, 상대를 미워함으로써 당당하게 제안하지 못하는 나약한 자신을 지키려 합니다. 그 결과 점점 관계가 단절되고 맙니다. 두려움이겠죠.

어떻게 하면 될까요. **'착각'을 자각하는 것부터 시작해보세요. '나를 미워한다는 생각은 착각', '어울리기 싫어한다는 생각은 착각'이라고 믿으세요.**

'못 해, 못 해! 절대 못 믿어!'라고 생각하는 여러분. 그래도 믿으세요. 끈질긴 훈련과 시행착오가 필요하다는 생각으로 도전하는 수밖에 없답니다.

난 지금도 충분해

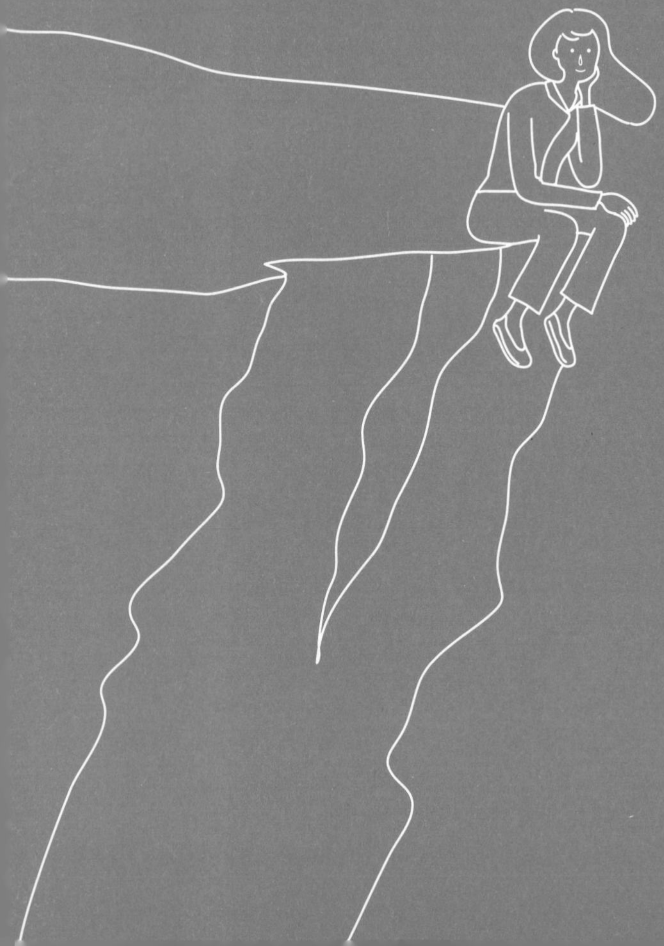

어린 시절, 어떤 사건을 겪었어요. 어쩌다보니 나쁜 뜻으로 해석했습니다. 그때 그 이유를 고민했어요. 예를 들면 이런 거예요. '어쩌다' 친구들과 틀어졌다. '어쩌다' 부모님께 "넌 못 하겠지?"라는 말을 들었다. '어쩌다' 동료가 기분 나쁘게 대했다.

친구와 부모님, 동료에게 진짜 이유는 묻지 않았습니다. 네, 자기만의 상상이에요. '난 어디가 잘못됐을까' 하고 상상하는 것입니다. **'어쩌다' 그런 말을 들은 거고, '어쩌다' 그런 상황에 처한 것뿐인데 '난 어디가 잘못됐을까'라고 자문하며 나쁜 점을 찾기 시작합니다.**

그리고

- **어쩌다 놀렸을 뿐인데 → 괴롭힘 당했다고 해석합니다.**
- **어쩌다 화냈을 뿐인데 → 난 구제불능이라고 해석합니다.**
- **어쩌다 그 사람의 기분이 안 좋았을 뿐인데 → 날 싫어한다고 해석합니다.**

그 후 모든 일에 있어 자신이 부족한 탓이라 생각하며 증거 수집에 몰두하는 인생을 보냅니다. 괴롭힘 당했다고 오해한 사건만을 기억하며 '역시 나는 괴롭힘 당하고 있다'라고 생각합니다. 야단맞았던 것만 기억하며 '역시 나는 구제불능'이라고 생각합니다. 싫어한다고 오해했던 일만 기억하며 '역시 나는 미움 받고 있다'라고 생각합니다.

마치 모래사장에서 핑크색 조개만 필사적으로 찾으며 '이 모래사장에는 핑크색 조개만 있네'라고 생각하는 것과 같습니다. '핑크색 조개'만 찾으니까 '핑크색 조개'만 모이는 건데 말이죠.

'나의 어떤 점이 나쁜 걸까?' 이 질문이 나쁜 조개, 불행한 조개를 주워 모으는 질문입니다.

- **역시, 난 말재주가 없으니까 상대가 화를 내는 거야.**
- **역시, 난 성격이 어두우니까 모두 떠나가는 거야.**
- **역시, 난 못생겨서 사람들이 싫어하는 거야(웃음).**
- **역시, 난 존재 자체가 민폐야.**

인간이란 나쁜 점을 찾으려 하면 한도 끝도 없습니다. 나쁘게 볼 일도 하늘의 별만큼이나 많죠. 그렇게 내 인생이 '아, 역시'로 점철됩니다.

당신이 '역시'라고 생각하는 것. 모두 틀렸습니다. 착각이에요.

- **난 구제불능이야.**
- **난 불행해.**
- **난 남의 말을 들어주지 못해.**

• 난 미움 받고 있어.

이러한 것들을 증명하고 싶어서 증거를 모을 뿐입니다. 안타깝지만 모두 진실이 아닙니다. 그러니까 지금 당장 '역시'라고 말하는 버릇을 버리세요. 그리고 수시로 이렇게 말해보세요.

그래도 괜찮아.

그래도 괜찮아.

지금도 충분해.

지금도 충분해.

지금도 충분해. 그래도 괜찮아. 그게 내 생각이니까.

'그래도 괜찮아'라고 나에게 말해주세요.

과거가 아닌
지금의 나를 믿어라

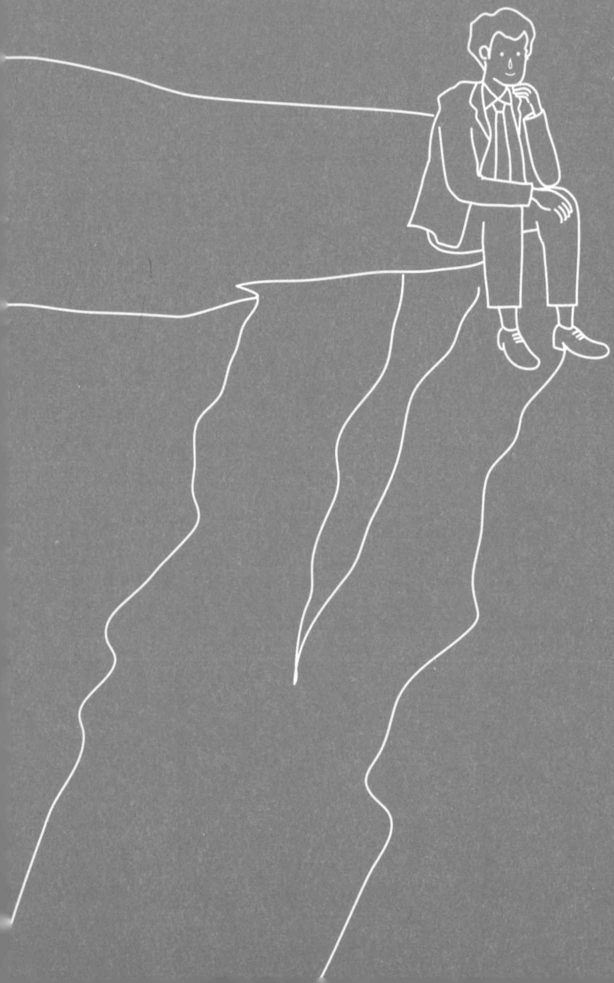

인간은 실패하면 겁이 많아집니다.

'~해야만 한다.'

'~하면 안 된다.'

이런 식으로 가치관을 만들고 같은 실패를 반복하지 않으려 마음에 방어막을 치죠.

같은 실패로 상처 입고 싶지 않아서 일부러 그 행동(가령 타인에게 마음을 허락하는 일 등)을 싫어합니다. 싫어하는 이유를 대며 정당화하고 상대를 비난하는 등 자신이 꿈쩍하지 않는 이유를 만듭니다. 정말 무서운 일이죠.

그런데 이것은 과거와 미래를 똑같이 취급하는 사고방식입니다.

‘예전에 그랬으니까 이번에도 그렇겠지.’

‘예전에 그랬으니까 다음에도 똑같겠지.’

이렇게 굳게 믿습니다.

하지만 그런 일은 일어나지 않아요. 과거에는 실패해서 열등감을 느꼈던 일도 지금은 성공할 수 있습니다. 그저 못한다는 ‘의식’만 남아 있는 건지도 모르죠. 음식을 예로 들자면 저도,

- **어릴 때는 낫토를 못 먹었습니다. → 지금은 정말 좋아해요.**
- **닭백숙, 폰즈(감귤류 과즙으로 만든 소스-옮긴이)도 못 먹었어요. → 지금은 정말 좋아해요.**
- **조림 요리도 마찬가지입니다(웃음).**

어린 시절에는 ‘먹지 못한다는 의식’ 때문에 좋아하지 않았던 음식이 성인이 된 후에는 좋아졌습니다.

저처럼,

- **어린 시절, 부모님께 사랑받지 못했다.**(착각)
- **어린 시절, 괴롭힘 당했다.**(착각)
- **어린 시절, 미움 받았다.**(착각)

이런 착각에서 생긴 패배의식 때문에 줄곧 '나는 거부당한다', '나는 괴롭힘 당한다', '나는 미움 받는 사람이다', 이렇게 생각하는 경우가 있습니다. 착각하는 거죠.

잠시 생각해보세요.

정말 괴롭힘 당한 걸까?

상대는 그저 나와 안 놀았을 뿐이다.

내가 줄곧 '괴롭힘 당했다!'라는 태도를 취했기 때문에 더욱 그렇게 느낀 것일 수도 있다.

혹시 일주일 전에 먹었던 저녁밥이 기억나세요? 1년 전 오늘 뭘 했는지 기억하나요? 금방 떠오르지 않을 것입니다. 기억이란, 그만큼 정확하지 않습니다. 그런데 그 일만은 금세 기억하죠. 기억해낼 때마다 강조해서 떠올리기 때문에(실제보다 강하게) 선명하게 기억하는 것인지도 몰라요.

이제는 아닐 수도 있잖아요. 그런데도 여전히 그렇다고 착각해서 지금, 눈앞의 현실을 꼬아서 보는 것인지도 모릅니다. 타인의 말과 행동, 호의를 모두 의심해버리죠. 그러니까 이렇게 생각해봐요. '이제는 아닐지도 몰라.'

이제는 미움 받는 내가 아닐 수도.

이제는 괴롭힘 당하는 내가 아닐 수도.

그러니까 믿어보세요. 당신은 더 이상 어린 시절의 당신이 아닙니다. 좀 더 용기를 내서 확신을 가지는 거예요.

'이제' 괜찮아요.

그래도 의심될 때는 추측형으로 말하라

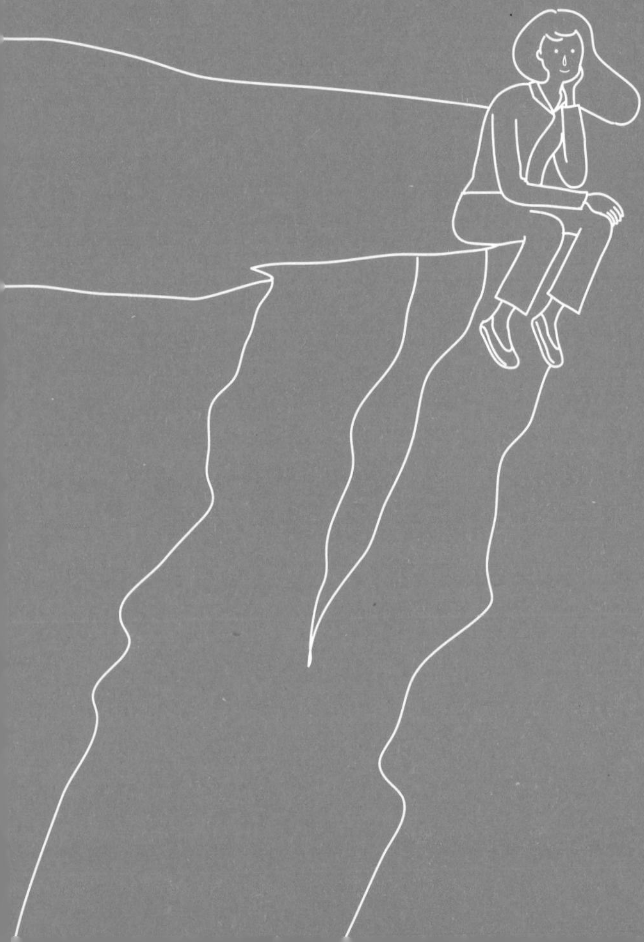

돈도 없다.

시간도 없다.

여유도 없다.

애정도 없다.

매력도 없다.

능력도 없다.

인간관계도 없다.

가치도 없다.

건강도 없다.

이렇게 생각하는 한 '그럴 줄 알았어'라고 할 만한 일만 줄줄이 생깁니다. 여기서 주의해야 할 것은, **당신은 '그 경험 때문에 그**

런 생각을 갖게 됐다'라고 생각하겠지만 사실은 '그러한 생각을 갖고 있기 때문에 그와 같은 일이 일어난다'라는 것입니다. 말이 조금 복잡하죠? 사고방식이 행동에 앞서 존재한다는 뜻입니다.

지금의 상황을 반전시키려면 어떻게 해야 할까요? 먼저 반대 경우를 생각해보면 됩니다. 그것이 시작입니다.

지금은, 생각을 바꾸기 힘들겠지만 괜찮습니다.

지금은, 믿기 어렵겠지만 괜찮습니다.

생각을 바꾸고 믿어보면 고개가 끄덕여지는 현실(증거)이 다가올 거예요.

생각을 바꾸기 힘들고 믿기 어려울 때는 추측형으로 말해보세요.

• 돈이 있을(지도).

- 시간이 있을(지도).
- 여유가 있을(지도).
- 애정이 있을(지도).
- 매력이 있을(지도).
- 능력이 있을(지도).
- 인간관계가 있을(지도).
- 가치가 있을(지도).
- 건강이 있을(지도).

이렇게 생각하는 거죠. 소리 내서 말해보세요. 과연 어떤 현실이 다가올지 기대해보세요.

주위 사람들에게 X표를 매겨
자신을 얻으려 하지 마라

'역시 내가 없으면 되는 일이 없어'라고 생각하며 모든 일을 떠맡거나 몸을 사리지 않고 남을 돕는 사람을 흔히 봅니다. 그렇게 해서 자신의 능력을 믿으려 하죠.

그러면 어떻게 될까요? 모두 나보다 못한 사람처럼 느껴지죠. '무능력한 사람(아이)'이 점점 늘어납니다. 나 또한 내 한 몸 불사름으로써 존재 의의를 확인하기 때문에 주위에서 나를 필요로 하지 않으면 안절부절 못하고, 그래서 일부러 일을 만듭니다.

한편 타인의 행동을 용납하지 못하며 분노하는 사람도 있습니다. 그렇게 함으로써 자신의 올바름을 확인하기 때문에 항상 주변 사람들에게 틀린 점을 지적합니다. 그리고 내가 옳다는 만족감에 취하죠. 그들은 당신 앞에서만 무능력하고 용납되지 않는 일을 하는 것입니다. 원리는 모두 같아요.

'믿을 수 없다'라고 말하면 주위 사람들은 의심스럽게 행동하게 됩니다. '모두 바보'라고 말하면 주위 사람들은 모두 바보 같은 행동을 하게 되고요. 그 사람은 나에게만 그런 모습을 보여줍니다. 사실은 그런 사람이 아닌데.

내가 주위 사람을 화나게 만든다.

내가 주위 사람을 바람나게 만든다.

내가 주위 사람을 거짓말쟁이로 만든다. 의심스러운 행동을 하게 만든다.

다른 사람은 아무렇지도 않은데 자기만 반응합니다. 그럴 때는 더욱 길길이 날뛰게 되죠.

애초부터 '분노 조절 장애'인 사람일 리 없고, 애초부터 '바람기'

있는 사람일 리 없고, 애초부터 '거짓말쟁이'인 사람일 리 없습니다. 내가 그렇게 보는 것이고, 나만 그런 면을 보고 있다는 점에 주목해야 합니다. 그런 당신에게 그 사람은 '그 부분을 보여주고 있을' 뿐이죠.

내가 그 부분만 보고 있는 거예요. 내가 그 부분을 콕 집어서 보고 있는 것입니다. 그리고 마음속에 '반응의 씨앗'이 있는 것을 확인합니다. 있는 힘을 다해 반응의 씨앗(다른 말로는 '지뢰')을 찾습니다. 본인이 지뢰를 만들어서 밟아줄 사람을 찾아놓고는 밟았다고 아우성치죠. 자기가 밟게 만들어놓고! (웃음)

당신이 나쁘다는 게 아니에요. 옳고 그름을 따질 이야기는 아니죠. **모든 원인(책임)은 나에게 있다는 뜻입니다. 이렇게 생각을 바꾸면 내 인생의 키를 내가 쥐게 됩니다.** 남에게 휘둘리는 인생이 아니라 스스로 내 인생을 움직이는, 내 의사로 움직이는 인생이 되는 거죠.

믿고 지켜본다.

이해한다.

용납한다.

그 결과 주변 사람들도 행복해집니다. 저는 그렇게 생각해요. 열받으면 화내도 괜찮아요. 때로는 원망하고 울부짖어도 괜찮아요. 잘 안 돼도 괜찮아요. 계속해서 시도해보세요. 실패하면 될 때까지 몇 번이고 몇 번이고 계속하는 거예요. **계속 하다 보면 언젠가는 될지도 모릅니다. 당신이 이해해주는 사람, 믿고 지켜보는 사람이 되면 당신 주변에는 다음과 같이 멋진 사람들로 채워질 것입니다.**

- **인정받아서 행복한 사람**
- **항상 인정받는 사람**
- **본인의 힘으로 공부해서 성장하는 사람**
- **믿어줘서 행복한 사람**

• **항상 웃는 사람**

• **바람피우지 않고 당신을 소중히 여겨주는 사람**

제 말이 모두 진리라는 뜻은 아닙니다. 그저 제 생각을 말씀드리는 거예요.

집착은 나를 잃는 원인,
집착에서 벗어나라

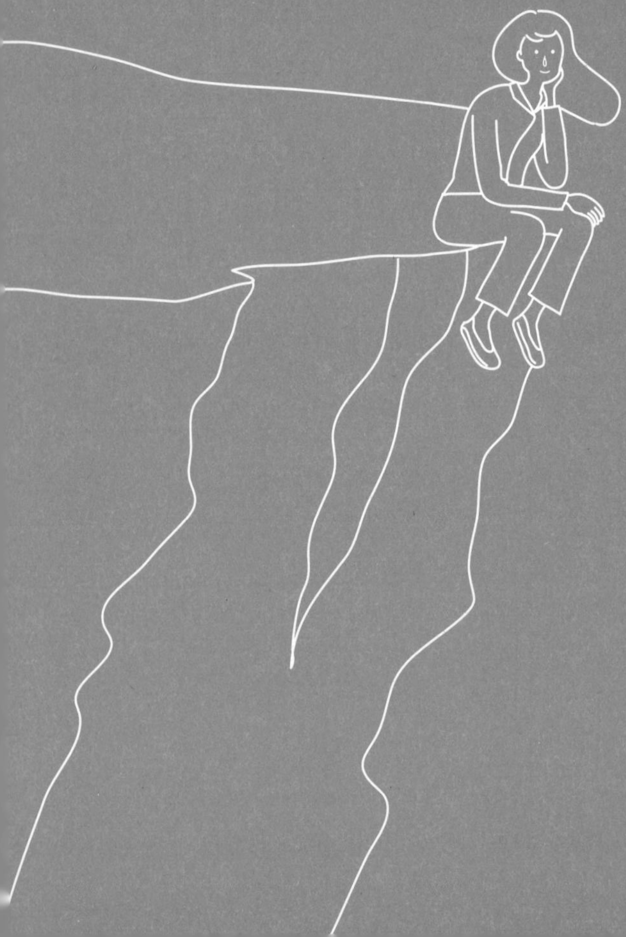

무슨 일이든지 집착이 과하면 안 됩니다.

- 업무 실적을 올리고 싶다.
- 결혼하고 싶다.
- 멋진 연애를 하고 싶다.
- 주변 사람들에게 인정받고 싶다.

이런 것에 **집착하면 바람을 이루지 못했을 때 금세 좌절하고 자신을 잃게 됩니다. 실패에 초점을 맞추기 때문이죠.**

그런 것을 잘 알면서도 나의 바람이 희망인지 집착인지 모르는 사람이 있습니다. 지금 내가 최선을 다하고 있는 일이 집착인지,

희망인지 모르는 분들이 많으리라 생각해요.

희망과 집착을 구별하는 방법이 있습니다. '실패하면 절대 안 돼', '안 되면 큰일'이라는 생각이 들면 '집착'입니다. '잘 되면 좋겠어', '그렇게 되면 기쁠 거야', '잘 되면 이렇게 해야지'라는 생각이 들면 '희망'입니다.

어떤 일이 목적이 되면 이루지 못했을 때 불행해집니다. 하지만 그 일 자체를 즐거움으로 여기면 이루지 못해도 다소 아쉽기는 하겠지만 과정은 즐거워집니다. 그리고 이루었을 때에는 다음 놀이(꿈)가 기다리죠.

집착은 집착이라는 기분 자체를 교묘하게 숨기기도 합니다. '포기'라는 이름으로요. 이런 생각이 드는 거죠.

'될 대로 되라지',

'나한테는 필요도 없는 걸',

'필요 없다는 걸 깨달았어',

이렇게 포기하는 것도 일종의 집착입니다.

집착을 버리고 싶으면,

집착하지 않으려 노력하세요.

실패해도 괜찮다는 생각으로 노력하세요.

실패해도 괜찮다는 생각으로 즐기세요.

이러나저러나 괜찮아요. 더 많은 것을 바라지 않고 현재에 만족하세요. 그래야 버릴 수 있어요. 그러면 오히려 잘 풀릴 거예요. 집착을 버리면 앞으로 나아갈 수 있습니다. 아니, 집착을 버리면 '찾아옵니다.'

하지만 이런 생각을 떨칠 수 없다고요?

'성장이 멈출 것 같아 두렵다.'

'놓칠 것 같다.'

'죽지 않을까.'

'미움 받지 않을까.'

'무능한 녀석으로 찍히지 않을까.'

이대로는 안 돼!!! 이 상태를 유지해야 해!! 이 '두려움'이 가장 큰 집착인지도 모릅니다. 두려움을 떨치고 집착을 버리는 데 가장 효과적인 말이 무엇일까요?

'뭐, 어때.'

'이거면 돼.'

이거면 집착도 끝입니다.

'뭐, 어때' 한마디면 끝!

10년 전의 나는 어땠을까?
변화는 서서히 나타나는 법

열심히 노력한 만큼 성과가 난다. 그렇게 믿고 열심히 해왔다. 하지만 성과는 없었고 좋은 평가도 못 받았다. 일도, 다이어트도, 아름다움도.

변화는 때로 매우 느릿느릿 찾아옵니다. 너무 느려서 안 느껴지기도 하죠. 내가 못 느끼는 변화, 매일 의식적으로 노력한 사람만 손에 넣을 수 있는 변화, 하루도 거르지 않고 노력한 사람은 의식하지 않아도 변할 수 있습니다.

1년 전의 나를 기억해보세요. 사실 변화를 겪은 사람은 변하기 전의 내 모습을 잊습니다.

당신은 매일 변화하고 있어요. 식물이 자라나듯 당신은 매일같이 진화, 성장하고 있습니다. 부디 그 성장통을 두려워하지 마세요, 성장을 멈추지 마세요.

불규칙적인 식사를 한다고 생각해보세요. 아주 느리긴 해도 변화가 찾아옵니다. 너무 느려서 느끼지 못할 수도 있어요. 체중계를 매일 보면 더 그렇죠.

하지만 오랜만에 체중계에 올라가보면 알 수 있습니다. 내가 깨닫지 못했던 변화. 2킬로그램 증가. 매일 조금씩 배에 지방이 쌓이고 있었던 것입니다. 매일의 변화는 너무 미미해서 깨달을 수 없었던 거예요.

10년 전, 20년 전의 내 모습 기억하세요?

저는 잊어버렸습니다. 허리도 날씬하고 체중도 60킬로그램대였던 나, 전혀 기억나지 않아요. 변화하고 나면 예전의 내 모습은 기억나지 않는 법이랍니다(웃음).

괜찮아요. 성장하고 있어요.

인간은 강하다, 필요하면
제대로 공부하고 결단을 내려라

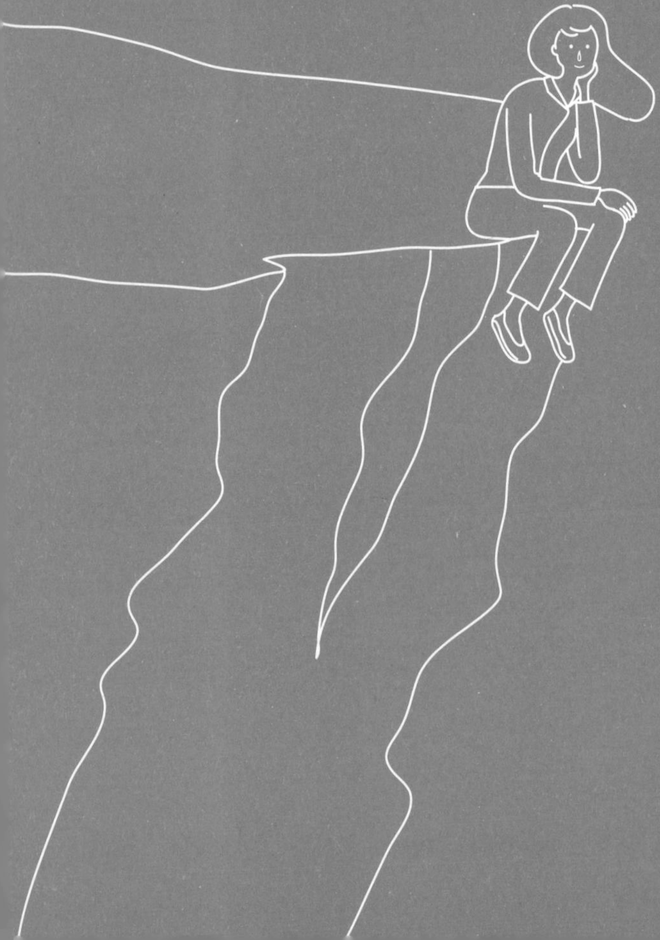

매일 열리는 토론과 세미나를 통해 다양한 인생, 기구한 운명에 대해 듣게 됩니다. 그러다보니 종종 "상담사라는 직업도 참 힘드시겠어요"라는 말을 듣는데 사실 전혀 그렇지 않아요. 기본적으로 상담자의 사연을 냉정하게 들을 수 있거든요.

지금 내 앞에 있는 사람이 굉장히 힘들고 어려운 처지에 있는 것처럼 보여도 그들은 사실 '통과의례'를 치르고 있는 것이며, 그것이 인생에 '필요한 과제'임을 알기 때문입니다. 괜찮아요.

'인간은 강해.'

'인간은, 필요할 땐 제대로 공부해서 결단을 내린다.'

저는 그렇게 생각해요. 그래서 지금은 변화가 없는 사람, 불행에 빠진 사람도 몇 년 후에는 '아, 그땐 진짜 힘들었지' 하고 머리를 긁적이며 웃는 모습이 상상됩니다. 네, 괜찮습니다.

너무 힘들어.

생각대로 되는 게 하나도 없어.

지독한 슬럼프에 빠져 있어.

너무 괴로워.

너무 불행해.

지지리 복도 없어.

그럴 때는 나에게 이렇게 말해보세요.

'그게 뭐.'

'나아갈 수밖에 없어.'

'그래도 웃자.'

'피할 수 없다면 즐기자.'

마지막으로

'천천히 가도 괜찮아. 언젠가 답은 나와.'

라고요.

네, 이상입니다. 참 쉽죠(웃음)?

이 책을 읽어주신 독자 여러분 대단히 감사합니다. 어떠셨나요?

사실 이 책을 읽는다고 해서 자신이 생기는 것은 아닙니다. 다만 마음속에 진정한 '자신'이 존재한다는 것을 깨닫고 자신을 키우는 계기는 되지 않을까요? 그러한 바람으로 이 책을 썼습니다.

원고를 쓰던 시기에 때마침 대지진이 발생했습니다. 자신의 '전부를 잃은' 분들이 셀 수 없이 많았던, 실로 비통한 재난이었습니다. 우리나라는 과거에도 수차례의 자연재해와 전쟁을 겪으며 자연이 파괴됐습니다. 모든 것을 잃었고 절망에 빠졌죠. 그럼에도 오늘날의 번영을 일궈냈습니다. 이번에도 분명 힘차게 다시 일어설 수 있을 것입니다.

절망을 겪고 모든 것을 잃고 나서야 깨닫는 것이 있습니다. 바로 우리 마음속의 '힘'입니다. '부재'를 인정할 때 '존재'를 깨닫는 법입니다. 독자 여러분이 이 책을 통해 자신의 나약함과 부족함을 냉정하게 직시하며 자신의 진짜 힘을 찾길 바랐습니다.

제가 이 일을 시작하고 나서 많은 고객이 찾아주시고 출판도 순조롭게 진행되던 어느 날, 불현듯 절망감 같은 것이 엄습한 적이 있습니다.

'나는 왜 못하지?',

'나는 왜 매력이 없지?',

'나는 정말 못난 놈이야.'

라는 생각이 머릿속을 지배했죠.

집 안의 불을 모두 끄고 과거의 내가 '실패했던 일', '잘못한 일',

'미움 받았던 일'을 하나하나 떠올리며 끝까지 절망감의 '부재'를 느껴보았습니다. 20분 정도요.

그랬더니 어느 순간 그렇지 않다는 생각이 들었어요. 오히려 '그것도 성공했고, 이것도 성공했어', '그 사람도, 이 사람도 나한테 잘해줬지' 하고 많은 것을 가진 사람이라는 생각에 웃음이 터졌습니다.

역시 인간이란 깊은 절망 속에서 다시 살아난다는 것을 깨달은 순간이었죠. 그 후로 제 주변에서 일어나는 일들은 모두 '존재'의 증거가 되었습니다. 저의 체험이 여러분의 자신감을 키우는 데 좋은 계기가 되기를 간절히 바랍니다.

고코로야 진노스케

자존감 생각법

1판 1쇄 찍음 2019년 3월 13일
1판 1쇄 펴냄 2019년 3월 20일

지은이 고코로야 진노스케
옮긴이 안혜은
펴낸이 조윤규
편집 민기범
디자인 홍민지

펴낸곳 생각의서재
등록 2017년 1월 6일 제2017-000050
주소 (07788) 서울특별시 강서구 마곡중앙로 161-17 보타닉파크타워1 612호
전화 영업부 02-3661-7283 / 기획편집부 02-3661-7284 | 팩시밀리 02-3661-7285
이메일 houseofthinking@naver.com

ISBN 979-11-89649-05-0 03190

이 도서의 국립중앙도서관 출판예정도서목록(CIP)은 서지정보유통지원시스템 홈페이지(http://seoji.nl.go.kr)와 국가자료공동목록시스템(http://www.nl.go.kr/kolisnet)에서 이용하실 수 있습니다. (CIP제어번호 : CIP2019005952)